내 아이 4차 산업혁명 시대의
인재로 키우기

내 아이 4차 산업혁명 시대의
인재로 키우기

초판 1쇄 발행 2017년 5월 4일
초판 3쇄 발행 2019년 3월 8일

지은이 이정숙

발행인 백유미 조영석
발행처 (주)라온아시아
주소 서울시 서초구 효령로 34길 4, 프린스효령빌딩 5F

등록 2016년 7월 5일 제 2016-000141호
전화 070-7600-8230 **팩스** 070-4754-2473

값 13,800원
ISBN 979-11-5532-278-9 (13370)

라온북은 독자 여러분의 소중한 원고를 기다리고 있습니다. (raonbook@raonasia.co.kr)

인공지능, AI, IoT, 빅데이터와 맞설 내 아이 어떻게 키울까?

내 아이 4차 산업혁명 시대의
인재로 키우기

이정숙 지음

RAON
BOOK

꿈이 없는 엄마와 꿈이 많은 엄마 중 당신은 어느 쪽입니까?

지금부터 만 31년 전, 1986년 4월 이곳에서 학원 운영을 시작했다. 그때가 20대였고 이후 이곳을 거쳐 간 아이들이 1년에 100명이라고 해도 어느새 3,000여 명이 넘는다. 반추해보니 실로 어마어마하다. 내 젊음이, 나의 청춘이 고스란히 묻어 있는 이곳을 나는 아직 떠나고 싶지 않다. 그렇다고 해서 '나 아니면 안 된다'는 이기적인 생각 때문은 절대 아니다. 바로 사랑때문이다. 난 이곳을 진심으로 사랑한다. 여기 이 아이들이 너무나 사랑스럽다. 성장하는 모습을 보여주는 아이들을 보는 것이 즐겁고 초등학생이던 아이가 성장하여 결혼을 하고 아이를 낳아 다시 내게 데리고 와 또 그 아이의 자라는 모습을 지켜보고 아이의 엄마와 함께 고민하며 키우는 재미가 굉장히 크다.

원의 사무실 밖에는 자습실이 하나 있다. 예전에 안내 창구로 사용하던 곳을 개조하여 만든 자습실인데 여기에서 요즘 오후 6시가 넘으면 진기한 풍경이 벌어진다. '얼마나 가겠어, 금방 싫증내서 또 넘어지고 잠수 타겠지'

했던 아이들이 여기에서 공부를 하고 있다. 친구와 둘이 시작해 30분에서 1시간 정도 미리 와서 예습과 복습을 하고 때론 친구와 토론을 하며 문제를 풀기도 한다.

지난주에 고등학교에 입학을 해서 이제 따끈따끈한 새내기 고등학생이 된 이 아이 둘은 초등학교 시절부터 동네 친구로 우리 학원에 다녔었다. 중학교 1학년 때부터 시작한 사춘기를 심하게 앓아서 3학년 1학기 중간고사가 끝나고 다시 원에 찾아왔을 때는 이미 성적은 바닥을 기어 다닐 정도였다. 그래서 고등학교를 진학하더라도 집에서 통학 거리가 매우 먼 곳 밖에 갈 수 없었다. 그래도 고등학교에 가겠다는 일념으로 다시 찾아와 "열심히 할 테니 고등학교에만 갈 수 있게 해 달라"는 사정 아닌 사정을 해 기초부터 다시 시작했다. 아이들은 '죽기 아니면 까무러치기'로 그동안 놀은 만큼 열심히 했다. 열심히 하는 모습에 학원에서도 할 수 있는 최대한 지원하였다. 교과목 수업은 물론 '지난 중간고사보다 한 개 더 맞기' 프로젝트, '실제 입학했을 때 모습 상상하기' 프로젝트 등 동기부여 프로젝트도 병행하였다. 그 결과 1학기 기말시험을 치르고 여름방학부터 2학기 중간까지 공부한 것으로 겨우 점수를 채워 원하는 고등학교에 입학하였다.

나는 아이나 부모님께서 방문을 할 때면 몇 가지는 꼭 하는 질문이 있다. 첫째 "끌려왔는가, 아니면 스스로 하고자 하는 마음에서 왔는가"라는 질문이다. 아이의 의지가 없이 방문한 학원은 아무 의미 없는 가방 운전수나

다름없다. 자신이 공부하고자 하는 굳은 결심이 선 후 학원에 내원하는 것이 천 배, 만 배 효과적이다. 앞서 이야기한 아이들도 스스로 공부해야겠다고 마음을 먹었기에 단기간에 원하는 목표를 이룰 수 있었던 것이다.

둘째는 사춘기의 아이들을 끊임없이 기다려줄 수 있는가이다. 특히 사춘기 아이들은 온 몸에 날이 서 있고 어디로 튈지 모르는 탁구공이다. 시중에 있는 수많은 '사춘기백과사전' 같은 책들을 찾아 쓰여 있는 대로 시도해봐도 효과는 장담할 수 없다.

특히 사춘기는 내가 오라해서 오는 것도 아니고 오지 말란다고 안 오는 것도 아니다. 이 시절에는 오감이 모두 깨어 있어서 '공부를 해야 한다', '공부를 하지 않으면 어떻게 된다' 등을 다 알고 있다. 머리는 알고 있는데 몸이 움직여 주지 않는다. 언행일치가 힘든 시기가 사춘기이기 때문에 너무 다그치지 말고, 너무 조급해 하지 말고 '토닥토닥' 인정해주고, 공감해주고 기다려주었으면 하는 바람이다.

대부분의 부모들 역시 이론으로는 잘 알고 있다. 하지만 부모와 자식 간의 생각이라는 그릇의 크기가 다르다보니 기준과 가치 역시 다르다. 아무리 '내려놨다'고 하지만 직접 접근하여 대화를 나눠보면 부모의 잣대는 아직도 아이들이 감당하기엔 너무 커다란 '태산'과 같다. 사춘기를 독감처럼 죽도록 앓고 지나가게 하느냐 아니면 재채기처럼 가볍게 스쳐지나가게 할 것인가? 독감이냐, 재채기냐는 장담하건데 부모의 역할에 달려있다.

이 책은 자녀의 성공비법을 담은 비책이 아니다. 그런 책들은 이미 서점에 가면 널려 있다. 나는 이 책을 통하여 아이들을 제대로 알고 내 아이에 맞는 맞춤교육의 필요성에 대해서 강조하고자 했다. 4차 산업혁명 시대를 살아가기 위해 사춘기 아이들이 2020년을 대비하고 '5년 후와 10년 후 꿈꾸기'를 하면서 사춘기와 4차 산업혁명과 싸우고 부딪히는 시기에 어떤 준비가 필요하며 어떤 마음가짐이 필요한지 그 방향성을 제시하고자 하였다.

미래에는 인공지능인 로봇과 친한 친구가 되어야 하기에 지금부터 준비하고 상상하면서 꿈을 키우고 이미 꿈을 이룬 나의 모습을 상상하면서 완성해나가는 연습이 필요하다. 그러기 위해서는 부모의 도움이 절실하고 부모는 아이들을 위해 환경을 조성해 주어야한다.

미래는 '나'의 시대가 아닌, '우리'의 시대이고, '함께'의 시대이고 '융합시대'이니만큼 팀을 이루어 성과를 내고 창의력과 상상력을 발휘하여 통합시스템으로 창의적 문제해결력을 키워야 한다. 그런 만큼 우리아이들이 혼자가 아닌 함께 행복하게 살아갈 수 있도록 조력자가 되어주는 부모가 되기를 소원한다.

이정숙

PART. 1

2000년대 생, 아이들이 바뀐다

우리의 교육에서도 4차 혁명시대에 발맞춰 혁명적인 변화가 일어나고 있다. 가장 눈에 띄는 것이 소프트웨어 의무교육이다. 코딩은 2018년부터 의무교육이 될 예정이다. 아직 교육 현장은 낡은 PC가 1인당 0.24대, 중등 담당교원도 43%에 불과하지만 여기서 포인트는 소프트웨어가 국어, 영어, 수학처럼 의무교육 과목에 들어간다는 사실이다. 현실이 이러한데 아직도 많은 부모가 "우리 때는 말이야…"라며 자신이 배웠던 방식으로 아이를 교육시키려고 하고 있다. 세상도 변화하고 그에 맞게 교육도 변화하고 아이들도 이 새로운 흐름에 맞춰 자유롭게 헤엄칠 준비가 되어 있는데 혹시 부모가 위험하다며 발목을 붙잡고 있지는 않은가 생각해야 할 때다.

2000년대 생의
사춘기는 다르다

얼마 전 한 학생 어머니와 통화를 했다. 학원에서의 학습태도와 교우관계 등을 전달하는 사소한 안부전화였는데 학생 어머니는 기다렸다는 듯이 하소연을 하셨다.

"아, 원장 선생님. 그렇지 않아도 전화 드리고 싶었는데 애를 어쩌면 좋죠?"

"왜요? 무슨 일이 있으세요?"

"요즘 도대체 집에서 공부하는 꼴을 못 봐요. 시도 때도 없이 핸드폰만 만지작거리고 있고 핸드폰 안 보면 방 안에 처박혀 게임이나 하고 있어요. 제가 답답한 마음에 얘기 좀 하자고 하면 알아서 공부하고 있다며 짜증을 내고 방으로 들어가서는 문을 걸어 잠가 버려요. 예전엔 안 그랬는데….”

“한참 사춘기라서 그래요, 어머니.”

“저도 알죠. 사춘기인 것은 알겠는데, 그게 무슨 벼슬이에요? 어쩜 이렇게 요란하게 구는지 도통 정신을 차릴 수가 없어요. 이러던 애가 아닌데 갑자기 이러니 혹시 친구를 잘 못 사귀어서 그런 건 아닌가 싶기도 하고 학교에서 무슨 문제가 있나 싶기도 하고. 그런데 말을 안 하니 속을 알 수가 있어야지요. 제 말은 물론이고 자기 아빠 말도 안 들어요. 아무 말도 안 들어요.”

“정말 걱정되시겠어요. 제가 한번 얘기해볼게요.”

“그래도 신기하게 학원은 안 빠지고 다니잖아요. 그러니 선생님이 붙잡고 잘 얘기 좀 해주세요. 꼭 좀 부탁드려요.”

요즘은 자녀가 하나나 둘인 경우가 대부분이다. 그래서 아이들이 조금만 다른 행동을 보여도 부모들은 ‘어제까지는 정말 착하던 내 아이가 왜 이렇게 반항적으로 변했을까’ 하며 당황한다. 그래서 종종 ‘친구를 잘못 사귀어서 그런 것 같다’며 남의 탓으로 돌리고 싶어 한다. 하지만 과연 친구 때문일까.

앞서 소개한 이야기처럼 ‘원래 안 그랬던’ 아이가 갑자기 부모와의 대화를 단절하고 공부는 뒷전이고 핸드폰만 보는 일은 비일비재하다.

이런 일은 나에게는 매일, 매년 일어나는 일로, 이를 지켜보다 보니 아이들의 사춘기에도 급과 단계가 있음을 알게 됐다. 앞의 사례 정도는 초급에 해당한다. 이렇게 초급 정도 일 때나 부모와의 갈등이 무엇 때문에 시작되었고, 이를 어떻게 접근하면 해결할 수 있는지 알 수 있다. 이 이후는 솔직히 부모의 노력만으로는 어렵다고 할 수 있다.

사춘기가 시작되면 아이들은 신체적인 변화와 정신적인 변화가 시작된다. 대표적 증세로 이유 없는 반항과 정서적으로 자기조절능력 저하가 있다. 이는 뇌가 지속적으로 흥분 상태로 있기 때문인데 이는 결국 문제행동 혹은 무기력, 우울증으로 이어진다. 그렇다면 아이들은 왜 이런 행동을 보이는 것일까.

이때 아이들의 용기는 무모한 용감함이다. 똥배짱을 선봉으로 패기만만하게 첫 전장에 나온 세상에 두려울 것 없는 어린 장군이다. 전장 속으로 용기를 내서 한 걸음 걸어가면서 아이는 곧 스스로 자신의 삶을 통제해보고 싶다는 욕구도 생기게 된다. 그리고 이를 행동으로 옮기면서 자존감을 높이고 존재의 이유를 찾게 된다. 성인이 되어가는 중요한 과정이지만 과도기의 아이들은 자신의 마음과는 달리 욕구가 쉽게 좌절되는 현실을 경험하게 된다. 이것이 반복되면서 불만이 점점 쌓이게 되고 심해지면 사회적인 문제로까지 이어지게 된다.

실제로 말도 못 걸게 자기 방으로 들어가 버리고, 간섭하지 말라고 눈을 똑바로 뜨고 대들어 말문을 턱 막히게 했던 아이들 대부분과 이야기해보면 결국 '나를 알아주고 인정해주었으면 해서', '요구사항이 있어서', '관심 받고 싶어서' 이런 행동을 보였다.

사춘기의 아이들과 대화를 하게 되면 대부분 "엄마나 아빠가 제 얘기는 다 듣지도 않고 무조건 안 된다고 하고 야단만 치니까 짜증나서 말하기 싫어요"라고 한다. 사실 대화해볼 것도 없이 부모에게 공격적인 표정, 눈빛 등으로 이미 얼굴에 '나는 지금 사춘기 중입니다'라고 쓰여 있다.

몇 해 전 찾아왔던 민호가 그랬다. 당시 중학교 3학년이었던 민호는 엄마와 함께 방문했다. 민호 어머니는 아이의 성적이 원하는 고등학교 진학이 어려울 정도로 떨어졌다며 걱정을 먼저 하셨다. 엄마와 함께 있는 민호의 표정은 아직 사춘기가 끝나지 않은 진행형 아이였다.

나는 아이가 학원에 오면 꼭 질문하는 게 있다. "끌려왔는가, 아니면 스스로 왔는가?"이다. 우리에겐 아주 중요한 질문이다. 끌려왔다면 얼마 못가서 퇴원의 확률이 높으니 아예 처음부터 상담을 '스스로' 자진해서 올 때까지 "기다려주라"고 오히려 부모를 설득한다.

민호는 "스스로 왔다"며 그날부터 잘 따라하겠다고 약속했다. 어머니 말씀에 의하면 초등학교 때는 엄청 공부를 잘해서 기대가 아주 컸기 때문에 유명한 대형전문학원에 다녔다가 사춘기 때 친구 잘못 만나서 이렇게 됐다고 하셨다.

"앞으로는 친구들 하고 노는 거 안 돼. 특히 중학교에 와서 사귄 애들. 알았지? 여기 선생님 앞에서 약속해. 어서. 네가 오겠다고 했으니까 절대 학원 빠지지 않고 다닐 거라고 약속해. 또 친구들하고 PC방으로 새지 말고, 어? 어서. 말 해."

어머니가 다그치자 민호의 표정이 금세 도전적으로 변했고 눈빛도 사나워졌다. 나는 일단 민호는 들여보내고 어머님과 상담을 시작했다.

"민호 어머니, 초등학교 시절에 민호가 성적이 우수해서 기대가 크셨지요? 그런데 사춘기가 되면서 기대와는 달라 많이 힘드셨겠어요. 그럼에도 민호 스스로 지금이라도 공부해보겠다고 하니 얼마나 기쁘세요. 그동안 애 많이 쓰셨습니다."

"아휴, 정말 말로 다 못해요."

"그럼요. 힘드셨을 거에요. 그런데 그동안 공부와는 멀어져 있었기 때문에 민호가 약속은 했지만 내일부터 적응 기간이 필요합니다. 처음에는 시간관리가 조금 어렵더라도 스스로 지키려고 노력하는 모습을 지켜보면서 자주 상담전화를 드리겠으니 조금만 참고 기다려주세요. 마침 중간고사가 다음 달에 있으니 지금은 일단 지켜봐주시면 어떨까요?"

"네, 선생님만 믿을게요."

처음부터 어느 정도 예상은 했었지만 민호 어머니는 나와의 약속은

깡그리 잊고 매일 시간이 되면 전화로, 문자로 민호가 왔는지 확인하셨다. 그리고는 아이가 5분만 늦어도 언어폭력에, 심할 때는 학원까지 쫓아 와 "누구랑 있다가 늦었어"라고 닦달을 하시면서 아이를 달달 볶아댔다. 그러기를 여러 차례, 나는 결국 아이 어머니에게 진지한 상담코칭을 요청했다. 그리고 그동안 아이와의 상담한 자료를 통해 어머니의 변화 필요성을 설명했다.

"어머니, 민호의 문제는 주변 친구들이 아니라 어머니의 높은 기대치에요. 또 이를 해결하는 방법은 힘드시겠지만 어머니가 끝까지 느긋하게 믿어주는 마음뿐이고요."

어머니는 자신이 아이를 힘들게 했음을 인정하지 않으셨다. 아마 아이를 사랑하는 만큼 인정하는 것도 쉽지 않았을 것이다. 하지만 지속적인 상담을 통해 어머니는 점차 수용하셨다. 그러자 아이는 곧 긍정적으로 변화되었다.

민호는 특히 '엄마의 야단, 엄마는 내말을 모두 안 믿어주고 의심하고 안 들어준다'에 대한 반항으로 생긴 마음의 병이 문제였다. 그런데 엄마가 자신을 믿기 시작하자 금세 아이의 눈빛이 평온해졌다. 이럴 때 느끼는 기쁨과 긍지는 이루 말할 수 없다. 성적 또한 아이의 노력에 부응하는 상향 점수로 지금은 고2가 되어 대학 진학을 향한 노력에 노력을 거듭하고 있다는 소식이 전해진다.

어린 시절의 아이들은 부모님의 말씀에 절대적이지만, 사춘기 즈음이 되면 자의식이 생기고 자기의 의견과 판단의 기준도 생기며 세상을 바라보는 시야도 넓어지게 된다. 더욱이 또래 관계의 중요성이 가장 크다 보니 반항 아닌 반항을 하게 되고 부모들이 하는 말을 모두 듣기 싫은 잔소리라고 색안경을 끼게 되어 반항심은 최고조에 이른다. 이렇게 사춘기 시기가 시작되면 부모는 자녀의 성장을 인정하고 내 아이의 성장 정도를 지속적으로 판단할 수 있어야 한다. 따라서 가급적 많은 대화를 통해 아이가 바라는 것이 무엇인지, 아이의 욕구가 무엇인지 세심하게 관찰하여 소통과 타협으로 불만을 해소해주고자 노력해야 한다.

우리나라의 전통적인 부모자식 간의 문제 해결 방법은 부모라는 이름의 강력한 권력으로 모든 일에 강압적이었다. 그러나 이 방법은 아이들의 마음의 문을 닫아, 불만은 더욱 쌓이게 만들었고 심각한 문제행동을 불러왔다. 그러니 이젠 그 마음의 문을 열게 해야 한다. '마음의 병'은 '마음'으로 치료해야 한다. 자녀들이 자신의 말을 안 듣는다고 생각되어질 때 조급한 마음으로 접근하지 말고 편안한 분위기와 따뜻한 마음으로 '내가 너의 마음을 알아줄게' 하며 인정해보자. 그럼 대견하게도 그 어려운 사춘기를 우리 아이들은 독감이 아닌 재채기로 끝낼 수 있다.

세상이 빠르게 변화되어가는 만큼 사춘기도 역시 지능화되어 더욱 어렵게 아이들에게 접근해오고 있다. 이럴수록 부모들의 역할은 더 어렵고 힘겹고 커질 것이다. 그러니 부모가 먼저 독서하며 노력하고 공부해야 한다. 그리고 아이들의 말에 귀 기울이고 끄덕이며 안아주어야 한다. 아이들의 깊고 맑은 눈을 들여다보며 아이들의 생각과 의견을 들어주어야 한다. 그 의견을 인정해주며 아이가 정말 잘 성장하고 있다고 격려와 사랑으로 공감해주어야 한다.

나는 오늘도 아이들을 맞이할 때나 귀가할 때 마치 유치원생에게 그러하듯 두 손 모아 배꼽인사를 한다.

"어서오렴, 춥지?", "에그, 비를 맞았구나", "무슨 좋은 일이 있어나 보네? 표정이 말해주는데?", "오, 오늘 패션 쥑인다!"라고 말하며 엄지를 척 들어 올린다. 그리고 아이들의 얼굴에서 일기예보를 읽는다. 아직도 흐림, 맑음, 흐리다 맑음.

명심하자, 아이들은 관심을 먹고 자란다. 아이들은 사랑을 먹고 자란다.

지금 아이들은
4차 산업혁명과도 싸우고 있다

우리 학원의 자습실에서는 예습, 복습, 숙제 외에도 자기가 하고 싶은 것을 남에게 피해를 주지 않는 선에서 자유롭게 무엇이든 할 수 있다. 한번은 수학 문제집을 펴두고 집중해서 풀고 있는 아이가 있어 다가갔다. 가까이서 보니 아이는 문제를 푸는 게 아니라 만화를 그리고 있었다.

"어려운 문제가 있니?"

"…."

말을 거는 지도 모르게 집중한 아이의 연습장을 들여다보았다. 스토리 흐름에 따른 그림과 대사를 넣은 말풍선까지 완성도가 제법이었다.

"만화를 그리고 있었구나?"

"저는 웹툰 작가가 되는 게 꿈이에요. 우리 엄마도 패션디자이너라 그림을 엄청 잘 그리세요. 우리 엄마가요, 저는 엄마를 닮아서 그림을 잘 그린대요."

"우와, 엄마가 패션디자이너셔? 멋지시다. 그래서 이렇게 그림을 잘 그리는구나? 이 대사는 너무 웃기다. 네 만화 정말 재미있다."

"만화를 잘 그리려고 매일 그림 연습도 하고 책도 열심히 읽고 있어요. 책을 많이 읽어야 만화 이야기를 만들 수 있거든요."

"우와, 너 대단하다."

1차 산업혁명은 1784년 영국에서 증기기관과 기계화로 시작되었고, 2차 산업혁명은 1870년 전기를 이용한 대량생산으로, 3차 산업혁명은 1969년 인터넷이 이끈 컴퓨터 정보화 및 자동화 생산시스템이 주도로 시작되었다. 그리고 인공지능과 로봇기술, 생명과학이 주도하는 차세대 산업혁명, 4차 산업혁명이 도래했다. 1차에서 3차까지 각 산업혁명 시기는 거의 100년, 1세기 정도의 시간이 필요했다. 하지만 3차에서 4차 산업혁명으로 전환되는 것에 필요한 시간은 반세기, 50년으로 단축되었다. 그렇다면 앞으로 5차 산업혁명이 일어난다면 과연 어느 정도의 시간이 필요할까. 50년? 25년은 아닐까? 아니면 더 짧은 시간일 수도 있을 것이다.

4차 산업혁명 사회는 무인자동화 시스템이 핵심이다. 인공지능으로 어지간한 일들은 로봇이 도맡아 하는 사회가 도래한 것이다. AI(Artificial Intelligence, 인공지능)가 지배하는 사회에서 살아갈 우리 아이들에게 어른들이 배웠던 전통적인 교육 시스템은 부족하고 적용 불가능하다. 어른들의 잣대인 "우리는 옛날에…"로 시작하며 아이들을 가르치고자 한다면 산업화로 쏟아지는 정보의 홍수 속에 알아야 하는 용어들과 이에 따른 활용 등은 또다시 배워야 할 제4의 외래어가 될 수도 있다.

현재의 아이들은 그 자체만으로도 과부하가 걸려있는 상태이다. 조금만 건드려도 어디로 튀어 오를지 모르는 탁구공 같다. 이런 아이들에게 유교적인 훈육방식을 적용한다면 지시하거나 지적 또는 간섭한다고 생각해 '걸음아 나 살려라' 하고 도망쳐 부모와 거리가 멀어지게 될 것이다.

빠르게 진화하는 세상만큼 우리 아이들의 사춘기 에너지도 점점 더 가속화되고 있다. 지금 각 가정에 필요한 것은 전통의 고수가 아닌 디지털 산업화 시대의 물결에 맞춘 변화다.

독일의 클라우스 슈밥 박사에 따르면 4차 산업혁명의 힘은 창의성에서 시작한다. 지시와 명령에 복종하는 성실한 근로자의 자리는 로봇으로 대체되어 500만 개의 일자리가 없어질 것이며, 예전과는 다른 속도의 변화로 미래를 예측하기 힘든 시대가 될 것이라고 한다. 예측할 수 없는 미래라니, 혹시 공상영화에서 보았던 초능력자가 만들어질 수도 있겠다.

우리의 교육은 어떨까. 어떻게 변화되어야 할까? 4차 산업혁명 시대의 인재상은 새로운 아이디어, 통합적, 융합적, 포괄적 사고력을 가져야 한다. 또 로봇과 일자리를 두고 싸워야 한다. 우리는 이제껏 경험해보지 못한 미래에 살아갈 아이들에게 어떤 도움을 줄 수 있을까 고민해봐야 한다. 미래는 인간만이 할 수 있는 창의성이 자원으로 인정받는 사회다. 그렇다면 우리 아이들에게는 창의성 키우고, 창의적인 아이디어를 표현하고 만들어낼 수 있는 교육 환경이 필요하다. 그리하면 새로 탄생된 일자리에서 우리 아이들은 제 몫을 하며 멋지게 성장할 수 있을 것이다. 그렇게 된다면 얼마나 다행스럽고 행복할 것인가.

창의성 연구의 세계적 권위자인 켄 로빈슨은 "인간의 지능은 창의적 성격을 지니고 있다"고 했다. 모든 인간은 창의적이고, 창의성을 키울 수 있다는 의미다. 창의성이 누구나 가지고 있는 지능의 일부라면 이를 특별한 재능으로 만들기 위해서는 개개인의 창의적 특성을 찾는 것이 중요하다. 예를 들어 어떤 아이는 음악과 미술 등의 예술적인 부분에 탁월하고 어떤 아이는 글쓰기나 언어적 표현 능력, 또한 컴퓨터

프로그래밍, 수학적인 논리적 표현, 운동감각 등등 각자에게 적합한 창의성을 발견하는 것이 가장 중요하다. 일단 적합한 창의성을 찾아야 개발할 수 있기 때문이다.

이렇게 창의력 발견이 중요하건만 현재 학교 교육만으로는 우리 아이가 어느 부분에 창의성이 두드러지는지, 재능이 있는 것을 찾을 수 있을지 의문이다. 그래서 부모들의 역할이 중요하다. 부모는 다양한 교육 기관에서 진행하는 체계적인 체험을 할 수 있는 창의융합 교육을 통해 자녀들의 관심과 흥미가 어느 분야에서 부각되는지 끊임없이 탐구하고 관찰하고 든든한 후원자가 되어야 한다. 이제부터 부모는 단순히 '아이를 잘 키우는 부모'를 넘어 '아이에게 제대로 길을 제시하는 네비게이션'같은 부모가 되어야 하는 것이다.

세상에 어느 부모가 자식을 사랑하지 않을까. 모두가 자식이 나보다 더 훌륭한 사람이 되길 바라고 그리 되라 가르친다. 이제까지 사춘기 아이들의 대표적인 갈등 대상은 부모와 아이 자신이었지만 이제는 하나가 더 첨가되었다. 부모와 4차 산업혁명이다. 아이가 싸울 대상이 또 하나가 생긴 것이다.

우리나라 아이들의 행복지수가 꼴찌라는 소식은 이제 익숙할 정도다. 이 이야기가 안타깝다면 지금 당장 부모 욕심으로 손에 쥐고 아이들을 조종하던 리모컨을 과감히 던져버리자. 그리고 한 발 뒤로 물러나 아이들의 모습을 살펴보자. 스스로 무엇을 할 때 눈빛이 빛나는지, 무엇을 창조할 때 가장 즐거워하는지, 무엇을 만들어 완성했을 때 환호하는지, 어떤 책을 읽고 이야기할 때 스토리를 장황하게 설명하는지 관찰해보자. 그것이 바로 내 아이의 창의성의 시작이고 발원지인 것이다.

내 아이의 창의력 개발 분야를 찾고 싶다면 아이를 관찰하자

1. 스스로 무엇을 할 때 눈빛이 빛나는가
2. 무엇을 창조할 때 가장 즐거워하는가
3. 무엇을 만들어 완성했을 때 환호하는가
4. 어떤 책을 읽고 이야기할 때 내용을 장황하게 설명하는가

스스로 준비하는 아이가
미래의 주인공

매주 수요일은 1주일 동안 진행한 수업 교재에 원장인 내가 직접 칭찬도장 찍어주는 날이다. 이날은 막연히 확인 도장만 찍는 날이 아니다. 도장을 찍으며 아이들과 잠깐씩 '툭툭토크'을 한다. '툭툭토크'는 무심한 듯 툭툭 질문을 던지며 이야기를 하는 것이다.

교재와 공책을 보며 진도 상황이나 아이들의 글씨체도 체크하고 정리 정도도 확인한다. 잘된 아이들에게 폭풍 칭찬과 다음을 기대하는 '엄지 척' 등의 퍼포먼스를 한다. 이때 무엇보다 중점을 두는 것은 아이들 표정을 살피는 것이다. 그리고 툭툭 묻는다. "꿈이 뭐야?", "10년 후에 뭐가 되고 싶어?" 대게는 "몰라요", "없어요" 로 답하지만 반갑게도

"너무 많아요"로 답할 때는 꼭 기억해두었다가 다음 주 수요일에 한 가지씩 꿈 찾기로 들어간다.

AI자동차를 만들겠다는 아이에게는 "시승식 때 나를 꼭 태워주면 영광이겠다"며 애교 섞인 부탁도 해본다. 처음엔 망설이던 아이들도 이제는 '툭툭토크'로 던지는 질문에 매주 한 마디씩 즐겁게 답한다. 그리고 그 꿈을 이루었을 때 제일 먼저 나에게 전해주었으면 좋겠다고 하면 역시 '끄덕끄덕' 그러겠노라는 답변한다. 행복한 미래의 주인공은 꿈꾸는 자의 몫이다. 지나가듯 부담없이 하지만 세심하게 아이의 꿈을 응원하는 것이 아이에게 작게나마 동기부여가 되길 바란다.

역사는 끊임없이 흐르며 이루어지고 있다. 그리고 4차 산업혁명 시대의 흐름 역시 피할 수 없는 현실이다. 그리고 이왕 피할 수 없다면 즐겨보자. 즐기기 위해서는 일단 동기부여가 필요하겠다. 만약 아이가 돈을 많이 벌고 싶어 한다면 얼마를 벌면 행복할 수 있을까 하고 구체적인 금액을 이야기해보자. 그리고 그 많은 돈을 벌었을 때의 성취감을 글로 써보거나 말로 표현하도록 해 스스로 즐거움을 고취시킬 수 있도록 만들어주자. 그리고 그 꿈을 이루기 위해서 필요한 준비에 대해 지속적으로 동기부여 해준다면 반드시 우리 아이들은 성장할 것이다.

알버트 아인슈타인은 "성공한 사람이 되려고 노력하기 보다는 가치 있는 사람이 되려고 노력하라"고 하였고, 빌 게이츠는 "기술은 하나의 도구에 불과하다. 아이들에게 함께 일하는 법을 배우게 하고, 아이들에게 동기부여를 해주기 위해서는 선생님이 가장 중요하다"고 하였다.

2016년 3월, 이세돌과 알파고, 인간과 인공지능과의 세기의 대결을 기억한다. 얼마 남지 않은 미래의 2020년을 기대하면서, 알파고의 등장에 많은 학자들이 예측을 하지만 알파고에도 유일한 단점이 있었는데 그것은 인간처럼 스스로에게 동기부여를 하지 못한다고 한다.

어떤 일을 해내면서 그 일에 대한 동기부여가 있고 없고의 차이가 크다. 특별히 아이들에게 동기부여는 피할 수 없는 필수적인 이벤트이다. 아이의 기를 살리는 방법과 기를 죽이는 방법 중 어떤 방법을 선택할 것인가. 당연히 전자일 것이다.

대체로 아이들이 왜 공부를 해야 하는지 아무런 생각이 없는 경우, 부모의 "공부해!"라는 지시적인 강요는 아무런 도움이 되지 않는다. 아니 오히려 부정적인 역효과만 날 것이다. 혹여 부모가 원하는 성적 요구보다 조금 부족하더라도 지적하고 기를 죽이기보다는 학습동기를 부여하며 꿈을 찾아 키우는 과정과 스스로 목표를 갖게 하는 것을 최우선으로 두어야 한다.

목표가 없는 아이는 쉽게 좌절하거나 포기한다. 그러나 꿈이 있는 아이들은 왜 공부를 해야 하는지 이유를 정확히 알기 때문에 쉽게 포기하지 않는다. 그래서 부모의 역할도 크게 필요하지 않다. 동기 부여가 확실히 된 아이는 부모가 곁에서 지치지 않게 완급을 조절해주는 페이스메이커 역할만 해주면 된다.

그러니 부모는 자녀가 무엇에 관심이 있고, 좋아하고, 하고 싶어 하는지 찾아내어야만 한다. 아이가 좋아하는 것을 할 수 있도록 꿈을 꾸고 아이의 꿈에 맞는 공부 방법을 함께 찾아서 집중할 수 있도록 도와주어야 한다. 꿈을 이루기 위한 동기부여를 자극하는 수단으로 다양한 직업들을 체험하는 체험관을 찾아보는 것을 추천한다. 그리고 아이와 대화를 나누며 미래로 시간여행을 떠나도록 도와주며 꿈을 이루기 위해 어떤 능력이 필요한지, 어떤 공부를 해야 하는지 조급해 하지 말고 기다리고 인정해주어야 한다. 절대 학교 성적만으로 아이를 평가하고 단정 짓는 것은 위험한 생각이다. 하사비스나 스티브 잡스나 저커버그 등 세계적인 IT천재들도 학교생활에는 모두 부적응 학생들이었다는 사실을 명심하자.

아이들과 꿈 이야기를 많이 하다보면 그 꿈을 이루기 위해 '공부를 열심히 해야 한다'는 사실은 아이들도 다 잘 알고 있는 것을 알게 된다. 그러니 기를 팍팍 살리고, 칭찬을 왕창 해주면서, 꿈을 이루었을 때를 상상해 표현하도록 해 끊임없이 동기부여를 해주는 것이 필요하다.

다시 한 번 강조하자. 5년, 10년 후의 자신이 원하던 꿈을 이룬 미래

에서 살며 멋진 AI자동차를 타고 휘파람을 불며 "다녀오겠습니다" 인사
와 함께 출근하는 우리 아이의 모습을 상상해보자. 절로 흐뭇한 웃음이
지어지지는 않는가. 그 웃음이 바로 아이들과 끊임없는 대화로 학습의
지와 공부에 대한 동기부여를 자극해야 하는 이유다.

4차 산업혁명기 속 내 아이
위기일까, 기회일까

'4차 산업혁명은 대부분의 모든 산업분야를 무궁무진하게 변화시킨다고 해도 과언이 아니라고 한다. 특히 서울시가 더 늦기 전에 한세대 이상의 미래를 내다보고 혁신적 변화에 대응한 중장기적 관점의 대응전략을 마련할 필요가 있다.'(2017. 2. 20.「서울Pn」)

박중화 서울시의회의원의 4차 산업 선제적 지원의 필요성을 강조한 인터넷 기사다. 우리나라에서도 이제 비로소 4차 산업혁명이 화두가 되었다. 지금 아이들이 세계인으로 뒤처지지 않도록 정부차원에서 지원할 것을 촉구한 박 의원의 혜안에 갈채를 보낸다.

　　4차 산업혁명은 3차 산업혁명에 이어 이번에도 유럽에서 시작되었다. 이번에는 영국이 아닌 독일에서였다. 방송국에서 방영하는 특집 다큐멘터리로 제4차 산업혁명 프로그램을 시청하며 낯선 미래의 이야기가 펼쳐질 때면 때로는 걱정이 앞서기도 하고 때로는 무섭기도 하다. 그러면서 '이제껏도 잘 살았는데 설마 나쁜 일이야 생기겠어?' 하고 안일한 생각으로 얼렁뚱땅 지나치려다가 문득, '다른 사람은 몰라도 아이들을 가르치는 나는 그러면 안 되지'라는 마음으로 한 장면도 놓치지 않고 시청한다.

　　현재 혁명은 산업 분야에서만 일어나는 것이 아니다. 우리의 교육에서도 혁명이 일어나고 있다. 가장 눈에 띄는 것이 SW(Software 소프트웨어)의무교육이다. 우리나라는 2018년부터 코딩이 의무교육이 될 예정이다.

　　물론 아직 교육 현장은 대부분 낡은 PC고 그마저 1인당 0.24대, 중등 담당교원도 43%에 그친다. 아무리 정부가 4차 산업혁명에서 경쟁력을 확보하기 위해 초중등에 SW교육을 의무화하려고 해도 현장이 이러하니 현실은 창의적인 프로그램 개발이 아닌 코딩 암기가 될 가능성이 높다. 현실이 이러하다 보니 사실상 사고력 키울 실질적인 교육은 글로벌 흐름에 뒤처지고 있다. 4차 혁명을 주도해나갈 IT기술 인재를 키우기 위한 제대로된 교육은 언제부터 가능할지 걱정이 앞선다.

이렇게 4차 산업혁명이 바로 코앞까지 다가왔다. 2018년부터 의무교육이 되는 코딩에 대해서 잠깐 소개하자면, 현재 세계 제2 공용어라고 할 만큼 중요성이 강조되고 있다. 간단하게 코딩이란 컴퓨터 언어인데, 다양한 알고리즘으로 구성되어 있다. 따라서 국내에 도입 예정인 코딩교육은 이런 알고리즘 중 동작, 제어, 형태, 소리, 연산 등이 있는 블록들을 조합하여 게임이나 애니메이션 등을 만든다. 1차 산업혁명 이후에 수학의 중요성이 대두되면서 수학이 누구나 배워야 할 학문이 되었듯이 4차 산업혁명의 언어인 코딩 역시 이제는 전문가만의 전유물이 아니라 누구나 배워야 하는 기술이 된 것이다.

2014년 영국에서 시작한 코딩 교육이 핀란드와 미국, 일본에서도 SW교육 필수 과목으로 지정되어 실시되고 있다. 우리나라의 삼성전자에서도 2020년까지 SW인력을 7만 명 이상 채용을 발표할 정도다.

코딩과 SW을 배워두는 것이 분명 우리 아이들에게 기회로 다가올 것이다. 그러니 코딩 교육이 단순 암기만 하면서 쓸데없이 예산만 낭비하는 교육이 아닌 아이들의 흥미와 창의력을 발휘할 수 있는 실제 도움이 되는 교육이 되기를 소망한다.

1차에서 3차까지의 산업혁명 때에도 그러했듯이 4차 산업혁명기에도 우리가 상상하지 못했던 새로운 산업과 새로운 일자리가 생겨날 것이다. 모두 500만 개의 일자리가 없어질 것이라고 예측하고 불안해 한

다. 하지만 우리가 누구인가? 세계 최고의 모성애, 교육열을 가진 대한
민국 엄마들이다. 사라지는 만큼의 분명 일자리는 생길 것이다. 그 새
로운 일자리가 무엇인지 파악하고 우리 아이들이 위기에 놓이지 않도
록 하는, 미래 석학보다 위대한 우리 엄마들의 자식 사랑이 있다고 생각
한다.

● 미래형 인재 키우기 ●

부모가 만들어 주는 아이의 기회

1. 세상에 우연은 없다. 노력을 하는 자가 성공하고 창
   의적인 사람이 앞장서게 된다.
2. 아이를 가르치지 말자. 가르치려 하는 순간 아이들은
   '잔소리'라며 귀를 닫는다.
3. 아이를 수다쟁이로 만들어라. 아이도 자신이 무슨 생
   각을 가졌는지 모를 수 있기 때문에 이를 도와주려
   면 부모가 이를 알아야 한다. 그러기 위해서는 아이
   의 말이 두서없어 짜증스럽더라도 참고 듣다보면 그
   속에 아이의 생각을 알 수 있다.
4. 아이를 선생님이라 생각하고 질문하자. 말을 하다보
   면 스스로 생각이 정리되기 마련이다. 아이의 의견,
   생각을 알았다면 이것이 확장, 견고해질 수 있도록
   질문을 하면 좋다.

엄마도 학교도 아이도
'모르겠다'로 가면 답이 없다

우리나라 부모는 자녀들에게 과잉보호라고 할 정도로 관심도가 높다. 그런데 이것은 초등학교 저학년까지만 해당하는 것으로 그 이후에는 온갖 관심은 아이가 아닌 아이의 성적이 된다.

많은 가정에서 아이가 조금 자라면 "엄마가 하는 말은 모두 너 잘 되라고 그러는 것이다"란 한 마디로 아이들의 입을 닫아 버리고 조종한다. 그렇게 해서 성공하면 정말 다행이고 감사하지만 대부분의 아이들은 "엄마의 잔소리는 지긋지긋해"라는 반항으로 엄마와의 대화를 끝낸다.

엄마는 엄마대로 직장이다 집안일이다 힘든데 아이마저 사춘기라며 반항이 하늘을 찌르니 집안은 그야말로 아수라장이다.

엄마는 아이 가슴에 못을 박고, 아이는 엄마 가슴에 못을 박는다. 서로가 악담과 상처주기 시합이라도 하는 냥 서로를 공격하고 있다. 어느 엄마는 "확 들어서 패대기를 쳐버리고 싶다"는 험한 감정표현을 하면서도 막상 아이의 귀가가 늦어지면 걱정에 잠 못이룬다. 그것이 우리 엄마의 마음이다. 부모의 역할에는 정답이 없다. 그저 '어머니 눈에 흙이 들어갈 때 까지다'고 하니 끄덕이면서도 한편으로는 끔찍하다.

부모와 아이들의 갈등의 시작은 "하라는 것은 안 하고 하지 말라는 것만 한다"는 부모와 "하기 싫은 것만 시키고 하고 싶은 것은 못하게 한다"는 아이의 생각 차이에 있다. 혹시 우리 어른들이 아이들보다 먼저 세상을 살았다는 이유만으로 아이들의 생각이나 감정을 일방적으로 무시하고 어른의 잣대로만 평가하고 있는 것은 아닌지 스스로에게 질문해보자.

또 바쁘다는 이유로 아이들과의 관계를 그저 돈이나 물질로 보상하고 부모 역할을 무마하고 있지는 않은지도 생각해볼 문제다. 반대로 부모가 아이에게 관심이 너무 많아 모든 것을 주도함으로써 아이는 부모가 시키는 대로만 하고 있는 것은 아닌지, 과잉보호를 하고 있는 것은 아닌지, 무엇이든 원하는 건 다해주는 '헬리콥터맘'은 아닌지 곰곰이 생각해보자.

학교에서는 어떤가. 매일 획일적인 기준으로 평가되고 편애하는 교육이다. 아이들에게 학교생활을 물어보면 초등학교 저학년 때에는 재잘재잘 잘 얘기하다가도 고학년이 되면서부터는 입을 닫는다. 중학교, 고등학교로 올라가면 아예 "내가 학교에 다녀야 하는지 잘 모르겠다"로 변하기도 한다.

아이들은 가정에서 부모의 관심을 받은 만큼 학교에서도 받고 싶어 한다. 선생님이 이름 한 번만 불러줘도 기분이 최고가 된다. 이건 아이들만의 기분만이 아니라 어른인 우리도 누군가 이름을 불러주면 기분 좋아지는 사실을 생각하면 이해가 빠르다.

그런데 학교라는 장소는 한 반에 30여 명이 되는 아이들이 매 시간마다 다른 선생님과 만나야 한다. 그 선생님에게 얼마나 자신을 어필해야 하루에 한 번이라도 이름을 불리겠는가? 결국 특별히 공부를 잘하거나 아니면 장난을 치다 걸려야 이름이 불린다. 물론 후자는 부적응 학생으로 낙인이 찍히니 아니한 만 못하다. 학교 선생님들이 문제가 아니라 전인교육을 포기한 학교의 현실이다.

세상은 변하고 변한다. 어제 다르고 오늘 다르고 분명 내일도 다를 것이다. 특히 아이들의 교육에도 많은 변화가 필요하다. 예전 부모들 시대만 생각하고 "공부해라", "공부해야만 해"라고 일방적으로 시키기만 한다면, 아이는 '공부는 왜 해야 하지?', '이것이 왜 필요한 거지?', '꿈도 모르겠고, 학교를 다니는 이유도 모르겠고, 학원을 가야 하는 이유는 더욱 더 모르겠어'. 이렇게 '모르쇠' 자녀로 성장하게 된다.

혹시 지금 이 순간 나도 아이에게 같은 말만 되풀이 하고 있었다면 어제보다 오늘이 조금 남다르고, 오늘보다 내일이 조금 더 행복할 수 있음을 알려주는 것이 어떨까? 무한한 사랑과 관심 속에서 부모와 자녀가 함께 살아간다면 세상은 훨씬 살만한 곳이 될 것이다.

'impossible'을
I'm possible로

"임자, 해봤어?"

"임자, 해보기는 했어?"

"거봐, 되잖아! 해보는 거야."

"아이디어를 내고 실험해볼 생각은 없이 책에서만 답을 찾고 권위에만 의존하면 창의가 죽는다. 창의력이 죽으면 변화도 없다."

현대 창립자인 故정주영 회장이 주변인들에게 자주 하던 말이다. 이 말들은 여전히 우리에게 회자되고 있다. "안 된다"는 부정적인 말 앞에서 "할 수 있다"는 긍정의 힘은 우리 앞에 극복하지 못 할 일은 없다는 힘이 된다.

2014년 러시아 소치 피시트 올림픽 스타디움에서 열린 겨울장애인 올림픽에서 러시아인이 개발한 컴퓨터 게임 '테트리스'의 글자판을 이용해 만든 'impossible'이라는 조형물에서 알파벳 'i'의 점을 이동해 '나는 가능하다'를 뜻하는 아임파서블(I'm possible)을 만들었다. 점 하나의 놀라운 변화를 보여준 사례다.

2007년 겨울 태안 해안반도의 유조선 기름유출사건. 아름다운 희망의 바다가 죽음의 검은 지옥으로 변했을 때를 기억한다, 복원이 되려면 10년도 더 걸린다는 것을 온 국민의 힘을 모아 1여 년 만에 깨끗하고 아름다운 바다로 되돌렸다. 대단한 임파서블이다.

또한 "내 사전에 불가능이란 없다"며 프랑스 혁명군을 이끌고 알프스 산맥을 넘던 나폴레옹도 "비장의 무기가 아직도 내 손에 있다. 그것은 바로 희망이다"는 유명한 말로 군대에 힘을 북돋아주었다. 이렇게 불가능을 가능으로 전환되는 것을 우리는 '기적'이라 말한다.

2000년도 우리나라 축구감독 히딩크 역시 '불가능을 가능으로' 4강 신화를 만들어내면서 우리의 영웅이 되었다. 또 그는 박지성 선수에 대해 "정신력이 훌륭하다. 그런 정신력이면 반드시 훌륭한 선수가 될 것이다. 절대 포기하지 말라"고 했다.

그의 이 말은 다른 사람이 열 번, 스무 번 축구의 천재다 신동이다 하는 칭찬보다 박지성의 기분을 더 황홀하게 만들었다고 한다. 그리고 월드컵 내내 그날 감독님이 던진 칭찬 한 마디를 생각하면서 경기에 임했고 드디어 월드컵에서 골을 넣었다. 그리고 그들은 영웅이 되었다.

내가 어릴 적엔 진짜 달나라에 옥토끼가 떡방아 찧고 있다 믿었던 시절이 있었다. 아폴로11호가 달에 착륙했다며 우주복을 입고 둥실둥실 슬로모션으로 걷는 모습을 TV로 확인했을 때도 나의 머릿속에는 여전히 '옥토끼는 어디로 갔을까?'였다. 그때도 놀라운 인간의 가능성에 세계가 큰 충격이었고 40여 년이 지난 지금도 여전히 기적은 일어나고 있다. 인간이 만든 알파고가 인간과의 대결에서 승리를 했다. 우리나라뿐만 아니라 전 세계가 큰 충격의 도가니에 빠졌었던 때가 불과 얼마 전 일이다. 앞으로도 아직 확인하지 못한 많은 놀라운 기적들은 우리를 기다리고 있다. 이것은 우리에게 불편한 적일까 반가운 동지일까?

지금 몰려오고 있는 4차 산업혁명을 바라보자. 1차 산업혁명은 증기기관을 만들어내는 기계화였고, 2차 산업혁명은 기계화로 인한 대량생산이었다. 3차 산업혁명은 컴퓨터가 급속히 발달하여 인터넷 연결망이 세상을 하나로 통하게 만들었고, 이제 4차 산업혁명의 새로운 시대가 도래했다. 쓰나미처럼 몰려오는 엄청난 연결고리들은 인간과 사물을 사물과 사물을 연결해 데이터를 쌓고 예측한다. 앞으로 5년 후를 예상하고 10년 후를 확신한다. 그리하여 앞으로의 미래를 이끌어가는 직업에도 변화에 대한 대비하기와 많은 학자들이 생존을 위한 새로운 인재상도 발표하고 있다.

세상은 진화하고 변화되고 있다. 매일매일이 기적이고 인간의 상상력은 현실이 되어가고 있는 지금, 우리 아이들에게 어떠한 기적이 기다리고 있을까? 요즘 아이들은 입버릇처럼 '절대로'라는 말을 자주 쓴다. 아니 입에 달고 산다. "나는 절대로 할 수 없어" 부정적인 말이 툭 튀어나온다. '안 돼'가 '돼'로 인정하게 하기까지 우리의 역할은 부모들의 책임은 매우 크다.

인간은 AI를 만들어냈고 그리고 행복하고 편리한 삶을 영유하기 위해 만든 이 AI가 지능이 더욱 진화되어 오히려 독이 되어 인간을 지배하게 되는 불행하게 되는 장면을 영화에서 보았을 때는 무섭고 두렵다. 하지만 우리가 누구인가. 인간이라는 특혜로 세상을 살고 있는 사회적인 동물이다. 웃음 전도사였던 황수관 박사는 "불가능이란 노력하지 않는 자의 변명이다. 포기하지 마라 저 모퉁이만 돌면 희망이란 녀석이 기다리고 있을지도 모른다"고 했다. 희망을 너무 오래 기다리게 하지 말자.

● **미래형 인재 키우기** ●

자신감이 없는 아이에게 자신감 심어주기

지금 당장 아이에게 "나는 가능하다!"를 외쳐보게 하자. 높은 산에 올라가서 하면 좋지만 일단 아파트 옥상에 올라가서라도 외쳐보자. 입 밖으로 내뱉는 것, 그것이 바로 용기이고 자신감이다. 처음에 어려워 한다면 엄마와 아빠와 함께 외쳐보자.
"나는 무조건 할 수 있다!"

PART. 2

2020년, 세상이 뒤집힌다

4차 산업혁명 시대에 가장 요구되는 것은 창의성이다. 창의성 교육으로 상징으로 꼽히는 것이 바로 이스라엘의 교육인데, 그 중에도 '후츠파'라는 정신이 가장 대표적이다. 후츠파는 우리가 생각하는 뻔뻔함, 당돌함, 저돌성을 의미한다. 우리가 다소 터부시하는 '말대꾸'를 유발하는 이스라엘의 후츠파는 도전정신을 응원한다. 이점은 교육환경에도 그대로 적용되어 이스라엘 아이들은 학교에 다녀오면 부모들이 "오늘은 학교에서 어떤 질문을 했니?"라고 묻는다는 점과 이어진다. 이와는 대치되는 것이 우리나라에서는 학교에서 돌아온 아이에게 보통 "오늘은 학교에서 무엇을 배웠니?"라고 묻는다.

격변하는 세상 속 내 아이,
엄마가 도울 수 있다

아주 먼 옛날 한 산골, 찢어지게 가난한 집에 아이가 하나 있었다. 아이는 배가고파 온 종일 우는 게 일이었고, 아기의 엄마는 우는 아이에게 회초리로 울음을 멎게 하곤 하였다. 그러다 보니 아이는 하루에도 몇 번씩 매를 맞을 수밖에 없었고, 그날도 엄마는 우는 아이에게 매질을 하고 있었다.

때마침 집 앞을 지나던 스님이 그 광경을 물끄러미 보다가 불연 무슨 생각이 난 듯 집으로 들어와서 매를 맞고 있는 아이에게 넙죽 큰절을 올렸다. 이 모습을 보고 놀란 부모는 스님에게 연유를 물었다.

"스님! 어찌하여 하찮은 아이에게 큰절을 하는 것입니까?"

　“예, 이 아이는 나중에 정승이 되실 분이기 때문입니다. 그러니 곱고 귀하게 키우셔야 합니다.”

　스님은 홀연히 떠났다. 그 후로 아이의 부모는 매를 들지 않고 공을 들여 아이를 키웠으며 훗날 아이는 정말로 높은 벼슬을 하였다. 아이의 부모는 그 스님을 수소문해 감사의 말을 건네고 안목에 대해 물었다.

　“이 돌중이 어찌 미래를 볼 수 있겠습니까. 허허허. 그러나 세상의 이치는 하나지요. 아이를 정승같이 귀하게 키우면 정승이 되지만 머슴처럼 키우면 머슴이 될 수밖에 없지요. 이것이 세상의 이치이니 세상을 잘 살고 못사는 것은 마음가짐에 있는 거라 말할 수 있지요.”

　아이에게 가장 많은 영향을 미치는 사람은 바로 엄마이다. 아이 엄마가 어떠한 마음가짐으로, 어떠한 정신자세로 아이를 키우느냐에 따라 아이의 미래는 달라질 수 있다. 우리 아이가 살아갈 4차 산업혁명 시대에 꿈을 향해 달려가야 하는 지금, 이제는 엄마들도 4차 산업혁명에 대해서 관심을 가지고 대비해야 한다.

　요즘 매스컴이나 서점에서 4차 산업혁명에 대한 정보들과 책들이 엄청나게 쏟아져 나오고 있다. 기계도 PC도 지능을 가지고 스스로 학습하고 조작하는 스마트한 사회, 모든 것이 내 손 안에서 이루어지는 유비쿼터스 시대는 상상력과 데이터를 투입해 거대한 대혁신을 이루는 사회이다. 클라우스 슈밥은 4차 산업혁명을 지구촌을 통째로 바꿔

놓을 '쓰나미'라고 표현했다. 이런 4차 산업혁명 시대에는 어떤 인재가 필요할까? 과연 내 아이는 어떤 존재로 자리 잡고 살아가야 할 것인가. 내 아이는 미래를 위해 무엇을 어떻게 준비해야 하는가.

2016 세계경제포럼에서 발표한 「일자리 미래 보고서」에 따르면 현재 7세 이하의 어린이 중 65%는 현재는 존재하지 않은 직업을 갖게 될 것이라고 하였다. 이 보고서의 의미는 우리 부모들도 고착화되어 있는 고정관념을 깨고 새로운 패러다임으로 바꿔야 한다는 뜻이다. 인문학적 교육을 통해 창의적인 아이디어를 창출하고, 수학적 개념을 통해 배우는 코딩교육을 해야 하며 독서를 통한 시대적 통찰력도 길러야 하니 갈 길이 멀다.

또한 인공지능의 발전으로 기계와의 대화가 일반화되는 세상에서 어쩌면 사람과 사람의 교감을 높이는 소통 능력을 길러주는 것도 좋은 방법 중 하나일 것이다. 엄마들이 아이들과 함께 손을 잡고 4차 산업혁명에 관련된 책도 읽고 이야기도 하며 다가올 미래 사회를 준비해야 한다.

서울 성동구에 우리나라에서 유일하게 4차 산업혁명체험센터가 문을 열게 된다는 반가운 소식이 전해졌다. 이곳에서는 4차 산업혁명, 문화예술, 자동차 공학, 산업경제, 글로벌, 생태과학 등 6개 체험학습센터로 드론 체험교실, 3D프린팅 교육, 소프트웨어 중심의 컴퓨터 코딩 프로그램 등을 마련해 미래 인재 양성을 선도할 계획이라고 한다. 생소한 분야이니 아이들과 함께 찾아가 직접 체험해보면 이해가 훨씬 빠를 것이다.

'여자는 약하지만 어머니는 강하다'는 말처럼 특히 대한민국의 어머니는 자식의 '자'자만 나와도 힘줄이 솟도록 손에 힘이 주어진다. 그만큼 자식사랑이 유별나다는 뜻일 것이다. 이런 강한 모성애로 아이들의 불확실한 미래 불안감을 떨쳐내고 역량을 키워주는 역할을 맡을 수 있다. 그렇게 하기 위해서는 먼저 책상 앞에 앉아 독서를 하자. 이제까지는 지식의 양이 중요했지만 미래는 양보다 질이다. 풍부한 지식도 중요하지만 방향을 잘 찾아 학습능력을 길러야할 것이다. 학습능력이 경쟁력이다. 생각하고, 또 생각하고, 연습하고 또 연습하자. 아이가 어떤 생각을 많이 하고 관심을 가지고 집중하고 있는가를 파악하고 그 분야를 먼저 공부하자. 미래에는 우리 아이들이 어떤 직업을 가지고 살아갈지 아직은 모르지만 어떠한 환경 앞에서도 당당히 헤쳐나갈 수 있는 문제해결 능력을 키워주자는 이야기다.

엄마들이 상상하는 세계에 우리 아이의 미래는 어떤 모습인가? 물론 긍정적인 모습임에는 틀림이 없겠다. 하지만 그런 미래는 노력하는 자의 것이다. 세상에 노력 없이 얻어지는 것은 없다. 우리나라는 그동안 세계가 놀란 만큼 성실히 노력해왔다. 그 결과 석유 한 방울 나지 않고, 6.25전쟁까지 겪었으면서도 세계의 강대국들이 120여 년을 걸려 이뤄낸 경제 산업을 우리는 30~40여 년 만에 만들어냈다.

우리에겐 자원이 부족한 대신 명석한 '두뇌'가 있다. 4차 산업혁명을 살아가는 우리 아이들에게는 이 명석한 두뇌가 특급 자원이 되어 이겨낼 것이다.

2020년,
아이는 어떤 목표를 세워야 할까

나는 계획 세우기를 좋아한다. 공부, 돈, 여행, 자녀 문제 등등 때론 즉흥적으로 해치우는 일도 있지만 대부분이 목표를 세워놓아야 안심이 되고 성공했을 때를 떠올리며 미리 만족감을 느끼기도 한다.

이런 습관은 초등학교 4학년 때쯤 어머니의 심부름으로 얻게 된 교훈에서 시작되었다. 당시 어머니는 나에게 동네 아주머니 틈에 끼워 우리 집에서 30분을 걸어서 버스를 타고 익산(그 시절엔 이리라 불렸다)의 시장에 가서 꽈리고추를 팔고 오라는 심부름을 시키셨다. 나는 소풍가듯 신나게 고추를 머리에 이고 갔다. 쪼그마한 아이가 시장 바닥 한쪽에 꽈리고추를 펴놓고 파니 잘 기억이 나지 않지만 사람들이 잘 사주었던 것 같다. 고추를 다 팔고 남은 돈으로 이것저것 사다보니 어느새 돈을 다 써버리게 되었다. 아무래도 집에 도착하여 어머니에게 엄청 혼날 것 같아 거의 울 듯 집에 왔는데, 의외로 어머니는 웃으시며 말씀하셨다.

"돈은 버는 것도 중요하지만 쓰는 것이 더 중요하다."

아마 심부름을 명목으로 경제교육을 시키셨던 것 같다. 그때부터 소비는 물론 매사에 계획을 세우는 습관을 갖도록 노력하게 되었다. 단, 손녀에 관한 충동구매는 나로서도 어쩔 수 없는 일이다.

세계적인 성공학의 대가, 지그 지글러는 "목표를 이루기 위해서는 실제로 목표에 다다르기에 앞서 그것을 이뤄내는 당신의 모습을 스스로 그려보아야 한다"고 말했다. 물론 경험상 목표를 달성했을 때, 이를 상상했을 때와 비교할 수 없을 만큼 만족감이 크다.

미래는 '무'에서 '유'로, 아직 아무도 건드리지 않는 '0'을 '1'로 만드는 수직적 혁신을 가능케 하는 사람, 'nothing'에서 'something'을 만들어 내는 사람이 환영 받는 시대다. 즉, 상상을 바탕으로 창의적이고 창조적인 거대한 혁신을 만드는 사람이 대접받는 세상일 것이라고 한다. IT, IoT, AI 등등의 정보 활용을 넘어 아예 정보를 가공해서 새로운 것을 창조해내는 데이터과학자, 통신과 IoT, 미래자동차나 에너지

산업, 바이오와 나노기술, 유전학과 로봇공학 그리고 감성을 경영할 수 있는 직업이 미래 유망 직업군으로 여기에 속할 것이다. 그렇다면 2020년을 맞이하는 우리 아이들의 미래 계획표는 어떨까.

계획을 세우려면 구체적인 계획이면 더 좋다. 막연한 '무엇인가 되고 싶다'가 아닌 2020년의 모습을 꿈꾼다면 청소년들에게는 고등학교 진학과 대학교 진학, 아니면 취업의 문 앞에 서 있을 것이다. 그렇다면 지금부터 3년 후의 내 모습을 구체적으로 상상해보고, 좋아하는 것과 잘할 수 있는 것을 적어보자. 혹시 갖고 싶은 것이 돈이라면 목표 액수도 정확히 적어보자.

일단은 반드시 손으로 직접 작성해보면서 기록으로 남겨 점점 생각을 좁혀보자. 좋아하는 것이 있다면 이유도 적어보고 이루었을 때의 모습을 상상해보고 그리고 10년 후의 변화된 나의 모습과 15년 후의 모습으로 다시 확장시켜보자. 그리고 훗날 내 아이가 바라보는 나의 모습도 상상해보노라면 미리 보는 나의 생애주기가 완성된다.

이렇게 생애주기를 완성해본 뒤에도 그 계획이 탁월하다고 생각되면 이를 성공하기 위해 지금 해야 하는 것, 지금 버려야 하는 것, 지금 더 필요한 것, 혹시 도움을 받을 수 있는 멘토나 후견인이 누가 있을지도 생각하며 더욱 구체적으로 접근해본다.

미래 우리 아이의 계획을 세우고자 한다면 먼저 현재를 사는 방법을 배워야 한다. 어제보다 오늘, 오늘보다 내일 더 나은 미래를 꿈꾸고자 할 때에 껑충 뛰어서 어느 날 갑자기 성공하지 않는다. 성공에는 단계적 스토리가 있는 것이다.

계획표 역시 역사서이다. 미래는 지금보다 발전적이고 커다란 꿈을 꿀 수 있기도 하지만 아직 가보지 못한 세상이라는 두려움도 있다. 하지만 기억할 것은 두려움보다 더 큰 목표 달성 후의 가슴 터지게 즐거운 성공의 기쁨! 그걸 이루고자 한다면 현재를 어떻게 살아야 하는가가 매우 중요하다.

'세 살 버릇 여든까지 간다'는 속담도 있듯이 현재에 충실한 사람은 미래 계획도 충실하게 관리하고 잘 이끌어 갈 것이다. 부모들이 이런 아이들의 미래를 함께 지원하고 친구가 되어주고, 함께 행동하고 살아간다면 아이들은 4차 산업혁명의 물결을 쓰나미 속에서도 유연히 서핑을 할 수 있는 용기와 여유를 가지고 헤쳐나갈 수 있을 것이다.

2020년을 계획하려거든 현재를 배워야 한다. 그 이유는 일단 가까운 시일에 해낼 수 있는 목표부터 세워서 이룰 수 있는 작은 성공을 먼저 맛을 보라는 것이다. 이런 방법은 특히 아이들에게는 시험대비 때 가장 유용하다. 그리고 목표 달성 후에는 그 성과에 맞는 선물을 한다.

남녀노소 할 것 없이 상을 받는 다는 건 기분 좋은 것이기에 동기부여 차원으로 진행한다.

'인내는 쓰다. 하지만 그 열매는 달다'고 하였다. 나의 부엌에는 건강을 위해 체크리스트가 붙어 있고, 화장대에는 부모님께 감사하고자 부모님 사진이 액자 없이 붙어 있다. 또 책상 옆에도 덕지덕지 목표가 붙어 있다. 행여 내 안에 존재하는 건망증이나 게으름으로 인해 잊지 않기 위해서이다. 그리고 잠자리에 들 때는 오늘 하루를 꼭꼭 반성하는 시간과 감사의 시간을 갖는다. 혹시 나로 인하여 상처받은 '우리 아이들이 있을까?'를 제일 먼저 생각하고 혹시 낮에 본의 아니게 꾸지람을 했다면 '내일은 먼저 다가가 활짝 웃어줘야겠다'고 생각하고 반성하고 잘 한 일이 있으면 스스로 어깨를 토닥토닥이며 '잘했다. 너 참 대단하다. 그래서 더욱 사랑한다'라고 하면서 잠자리에 든다.

정한 목표를 상상하고 꿈을 이룬 모습을 그렸을 때 행복한 감정을 느껴지지 않는다면 과감히 버려야 한다. 인생은 단 한 번이다. 연습도 예습도 리필도 없다. 부모가 물려주신 생명이라는 선물을 받아 한 번밖에 없는 인생을 살아 가는 것이니 어찌 감사하지 않을까. 우리가 부모에게 받은 그 넘치는 감사를 우리 아이들에게도 잘 전수해서 그 아이들도 감사하며 행복해 하는 삶이 된다면 이보다 더한 감사와 행복이 어디 있겠는가.

아이를 위해서라도 부모가 먼저 목표를 정하고 상상하고 구체화하는 모습으로 아이들을 이끌어 주길 바란다. 부모의 곧은 발자취는 아이에게 어두운 밤 등대처럼 가야할 길을 알려줄 것이다.

● 미래형 인재 키우기 ●

유대인들이 자녀의 인생 좌표 세우는 법

1. 스티브 잡스나 저커버그처럼 부모의 눈에는 얼토당토 않는 생각일지라도 언젠가 세상을 깜짝 놀라게 할 기가 막힌 아이디어가 될 수도 있으니 부모의 고정관념으로 내 아이를 얽매지 마라.
2. 부모가 생각하는 성공의 지름길이 오히려 아이의 성공을 가로막는 일이 장애물일 수도 있으니 아이를 인정하고 칭찬하라.
3. 부모로서 자식을 사랑하지 않을까를 걱정하지 말고, 사랑할 줄만 알고 가르칠 줄 모르는 것을 걱정하라.
4. 온 마음을 다해 자녀를 사랑하되 보다 가치 있고 의미 있는 그리고 성과 있게 사랑하라.

4차 산업혁명 시대, 핵심은 창의력이다

다음은 하버드 대학의 한 심리학 교수가 졸업생들에게 들려준 이야기다.

어느 왕이 대신들과 함께 정원을 거닐며 경치를 감상하다 멀지 않은 곳에 있던 커다란 연못을 가리키며 문제를 냈다.

"저 연못에 물을 가득 채우면 몇 통이나 들어가겠소?"

대신들은 서로 얼굴만 쳐다보며 대답을 하지 못했고 그것을 본 왕은 기분이 상했다.

"그대들은 모두 책을 많이 읽었는데 어째서 이렇게 쉬운 문제 하나도 맞추지 못 한단 말이오?"

대신들은 부끄러워 했다. 왕은 사흘의 시간을 주어 답을 못 가져오면 벌을 내리겠다고 했다. 사흘이 지나갔지만 아무도 답을 찾아내지 못하였고 왕은 약속대로 벌을 내리려할 때 정원지기의 일곱 살 어린 아들이 나와 얘기했다.

"너무 쉬운 문제네요. 연못과 크기가 같은 통이 있다면 한 통이면 되고, 연못 절반 크기의 통이라면 두 통이 들어가지요."

그 말을 들은 왕은 크게 기뻐했고 평소 학식이 높다고 자부하던 대신들은 고개를 들지 못하였다.

하버드 대학의 교수가 졸업을 앞둔 학생들에게 이런 이야기를 들려준 것은 사회에 나가도 대신들처럼 생각의 틀에 갇히지 않기를 바랐기 때문이다. 상상하라. 그리하여 창의력을 잃지 않는다면 좀 더 좋은 생각은 널려있다. 늘 생각하고 상상하면 더 좋은 방법들이 쑥쑥 자랄 것이다.

창의성 교육에 의해 성장한 대표적인 나라는 이스라엘이다. 이스라엘에는 '후츠파'라고 하는 정신이 있다. 후츠파는 우리가 생각하는 뻔뻔함, 당돌함, 저돌성을 뜻하는데 이것이 바로 이스라엘의 성장 동력이 된다고 한다. 세계 인구의 0.1%에 불과한 이스라엘이 세계 벤처 투자

금의 35%를 가진 나라가 된 데에는 이런 특유의 도전정신 있었기 때문이다. 우리에게도 이런 정신이 분명 존재한다. 단지 초기 교육에 유교정신, 성리학적인 교육으로 희석되고 가려진 것 뿐이다.

언젠가 EBS에서 「창의력의 핵심은?」이라는 제목으로 통찰 프로그램이 진행된 적이 있었다. '천재는 타고나는 것인가 만들어지는 것인가?'라는 명제에 현대 뇌과학은 '지적능력은 후천적 발달에 더 영향을 받는다'는 연구 결과로 답했다. 후천적으로 발달시킬 수 있다는 아이의 창의성 교육, 어떻게 해야 하는 것일까.

창의력의 핵심은 무엇일까? 내 아이의 창의력을 어떻게 발현시킬 것인가? 교육 작가인 황미용은 "창의력은 말랑말랑한 우뇌와 질서정연한 좌뇌가 절묘하게 어울릴 때 가능하다"고 했다. 우뇌는 참신성을, 좌뇌는 적합성을 담는 도구라 볼 수 있다. 두더지잡기 게임에 비유해보면 우뇌는 감성, 영감, 구상, 상상, 수평적 사고, 예술 등을 담을 내용, 즉 콘텐츠가 통통 튀어 오른다. 좌뇌는 이성, 제작, 실행, 조합, 수직적 사고, 과학표현, 형식 등이 튀어나올 것이다.

창의력을 발휘하기 위한 핵심 조건으로는 정체성이 있다. 싸이를 사례로 들면 K-팝스타들은 멋진 외모와 춤을 주 무기로 삼았지만 싸이는 가장 싸이스러운 스타일로 승부수를 던졌다. 싸이스럽다의 의미는 '나답다'라는 뜻이다. 내가 가장 '나'다울 때 내 안의 있는 최고의 에너지를 발산할 수 있다. 그것이 바로 정체성이다. 싸이가 세계적인 가수가 된 것도 '가장 싸이스러운 것'이어서 그렇다.

창의력은 남을 의식하지 않는 자기류에서 나온다. 자기류는 외부 시선을 의식하지 않고 자기주관이나 관습, 취미대로 하는 방식을 말하는데 자기 스타일을 고집하는 것이다. 우리나라 사회에서는 튀는 사람은 눈총을 받지만 자기류가 강한 사람은 이를 의식하지 않는다.

인터넷에 떠돌아다니는 유머가 있다. '세계의 위인들이 한국에서 태어났다면 어떻게 되었을까? 에디슨은 전파상 주인이 되었고, 다윈은 밀렵꾼으로, 마돈나는 야동녀, 셰익스피어는 무협소설가, 스티븐 호킹은 특수반을 전전하고, 파브르는 「세상에 이런 일이」 곤충아저씨 편에 출현했을 것이고, 호날두는 개인기 하다 감독한테 뺨맞고, 간디는 빨갱이, 마이클 잭슨은 백댄서 조금하다 막노동을 전전하고, 히딩크는 조기축구의 총무가 되었을 것'이라는 웃어야 할 지 울어야 할 지 모르지만 전혀 아니라 부정할 수도 없는 유머다.

개인의 독자적인 사고와 행동을 무시하면 세기의 천재들도 둔재가 될 수밖에 없다. 특히 우리나라 정서로는 스티브 잡스가 아버지의 주차장에서 무엇을 하고 있을지 상상이 안 간다. 뼈 있는 말이다.

창의력은 문제 해결능력이다. 주말이면 5살 짜리 외손녀가 우리 집에 와 있는 날이 많다. 하루는 부엌에서 음식을 하고 있노라면 자기도 따라하겠다고 수선이다. 안 된다 하고 마저 음식을 하는데 낑낑거리고 뭔가를 들고 왔다. 아이용 변기였다. 변기 뚜껑을 덮어 싱크대 앞에 놓고 발판으로 삼으면 바로 도마도, 수도도 사용할 수 있다. 우리는 모두 손녀의 탁월한 생각에 감동을 했다. 창의적인 발상은 어렵게 생각하면 끝이 없지만 쉽게 생각하면 우리가 평소에 잘 하고 있는 경우도 많다. 아이들을 우물 안 개구리가 되지 않도록 사소한 창의력 발견에도 칭찬을 아끼지 말아야 되겠다. 아이와의 대화에서 자주 물어보자.

"어떻게 생각해?"

그러면 갸우뚱거리며 생각을 할 것이다.

시각장애를 극복하고 입지적 인물이 된 강영우 박사는 그의 저서 『우리가 오르지 못할 산은 없다』에서 세계적으로 뛰어난 두뇌를 가진 것으로 정평이 나 있는 유대인과 타민족의 지능을 비교한 결과 별 차이가 없다고 하였다. 그럼에도 결과적으로 현격한 능력의 차이를 나타내는 이유는 학업 성취도 때문이라고 했다.

유대인 중에는 창의력이 뛰어난 사람이 많다. 창의력을 키워주는 유대인의 가정교육 방법은 여러 가지 경우를 생각하여 내 아이들에게 가장 잘 맞는 우리 집만의 가정교육 방법을 찾는 것이라고 한다. 우리 집만의 가정교육법을 찾아내고 창의력을 키워줄 맞춤형 교육법은 바로 우리 집에서 부모만이 해줄 수 있다.

아이들에게 시간적인 여유를 주자

시간이 좀 걸리더라도 스스로 해결하는 능력을 길러주는 것이 창의력 교육이다. 아이가 스스로 생각하도록 유도하자. 지적 능력이 대부분 후천적이라는 것이 과학적으로 증명되었고 어떻게 교육하느냐에 따라 지적 능력은 무한대로 발전한다. 창의력 교육의 시작점은 생각하는 것에서 출발한다. 아이가 지금 생각하는 것을 조금 더, 조금 더 구체화하는 습관을 가지면 그것이 바로 최고의 창의력 교육이 될 것이다.

간접 경험이
창의력을 깨운다

나는 아이들에게 자주 질문을 한다. "커서 뭐가 되고 싶니?", "나중에 어떤 집에서 살고 싶니?", "5년 후엔 어떤 모습일까?", "어떤 인물을 가장 좋아해?" 등을 질문한다.

아이들에게 "꿈이 뭐야?" 하고 물으면 "몰라요", "꿈같은 건 없어요"가 대부분의 대답이다. 그러기에 그냥 돌직구를 날려본다. "그럼 15년 후에 어떤 차를 타고 다니고 싶어?" 하면 아이들의 눈은 잠시라도 반짝인다.

아직은 놀고 싶고, 부모의 노력으로 큰 불편 없이 공부하는 척만 해도 모든 것이 용서가 되는 축복받는 학생이라는 신분이라 미래의 꿈이

나 희망 등이 아직 피부에 와 닿지 않을 수 있다. 그래서 이러한 아이들에게 중학교에서는 하나의 대안으로 '자유학기제'를 시행하고 있다. '자유학기제'란 중학교 3년 과정 중 1학기 동안 시험 없이 체험 토론 등을 통해 아이가 좋아하는 것이 무엇인지 찾을 수 있도록 돕는 것이다.

'자유학기제'의 진짜 목적은 아이들이 스스로 꿈을 찾아 체험해봄으로써 현실적으로 나아갈 방향을 설정하도록 돕는 교육방식이다. 이는 아이들이 스스로 무엇을 잘하는가 어디에 흥미가 있는 지 알아볼 수 있고, 진로에 대해 심층적으로 관찰하고 이해하는 시간을 가져 내가 무엇을 잘하고 관심이 있는지, 어디에 적성이 있는지 정확히 알게 되어 진로를 바르게 정할 수 있다는 장점이 있다. 또한 주입식 교육이 아닌 다양한 체험학습을 통해 공부에 흥미를 잃은 아이들에게 흥미를 느끼게 하고 즐거운 학교생활을 할 수 있도록 하는 데 목적이 있다.

실제로 중, 고등학교에 진로학습 프로그램 초빙강사로 나갔을 때 아이들에게 자유학기제의 장점을 물어보면 열이면 열, "시험이 없어서 너무 좋다"는 답을 한다. 아이들다운 솔직함이다. 그러면서도 이 기회를 통해 자신의 미래를 고민해보고 구체적으로 어떻게 해야 할지 상의하기도 한다. 아이 스스로 자신의 미래를 고민할 수 있다니 멋진 일이 아닐 수 없다.

이런 좋은 취지에서 마련된 제도이니만큼 결과가 좋아야겠지만 우선 시험이 없다고 생각하는 아이들의 안도감은 부모와 대치된다. 부모는 공부습관이 제대로 안착되지 않아 흐트러질 수 있다고 걱정하는 것이다.

특히 중2가 되면 아이들은 더욱 혼란스러워 하며 공부할 준비도 되어 있지 않고 또한 중2병이란 사춘기 손님도 찾아와 자기조절능력도 떨어진다. 시험은 봐야하는데 공부는 하기 싫어 학업적 효능감이 떨어지고 그 결과에 좌절하며 문제행동을 일으키는 아이도 적지 않다. 그래서 이런 중요한 시기에 부모의 기지를 십분 발휘할 수 있는 절호의 찬스를 만들어 보면 어떨까 한다.

지금은 창의력이 풍부한 사람이 성공하는 시대이다. 우리 아이들에게 내재되어 있는 무한한 가능성인 창의력을 길러주는 일이 시급한 일이기도 하다. 맹모지교라는 말도 한모지교라는 말도 모두 자녀를 성공시키고자 하는 어머니의 상징적인 얘기다.

어느 책의 저자는 '21세기 맹모는 길 위에 있다'고 하며 십여 년 동안 자녀교육을 체험교육으로 시켰다. 또한 '백문이 불여일견'이라는 말도 있다. 백 번 듣는 것보다 한 번 보는 것이 더 의미가 있다는 말이다. 그런데 요즘은 한 술 더 떠 '백견이 불여일행'이라는 말도 있다. 백 번 보는 것보다 한 번 직접 해보는 것이 낫다'는 말이다. 대형 마트나 백화

점 식품매장에 가면 대부분 시식코너가 있다. '먹어봐야 맛을 알 지'가 자리 잡고 있어 직접 맛 보고 맛있는 식품을 살 수 있어 좋다. 시식체험의 묘미이다. 우리 아이들의 교육도 이처럼 맛있게 먹어보기처럼 할 수 있다면 얼마나 좋을까?

현재 우리의 교육은 수직적이고 형식적이며 다양성이 아닌 한 방향을 향하여 가고 있는 게 현실이다. 그래서 모든 부모의 꿈이 공부 잘하는 자녀의 미래는 판·검사, 대학교수, 의사가 희망이었다. 하지만 '10년이면 강산도 변한다'는 19세기나 20세기의 고리타분하고 구태의연한 자세로는 발전이 어렵다. 이제는 세상이 변하였다. 십년은커녕 시시각각 변화의 시대, 쓰나미처럼 몰려오는 4차 산업혁명의 놀라운 변화의 물결 속에서 이러한 교육의 진행이 지속된다면 한국은 더 이상의 빌 게이츠도 하사비스도 스티브 잡스도 존재하기 어렵다.

매년 사교육비가 부모들의 가정경제에 큰 부담이 된다고 말하고는 있지만 솔직히 학교 교육만으로 알파고와 대결한 이세돌이나 피겨의 여왕 김연아, 축구선수 박지성, 그 밖의 나름 공부와의 인연으로 성공한 인물 등 한국을 빛내는 한국인이 등장할 수 있을까? 의문을 던져본다. 사교육을 없애자고 주장만 하면서도 여전히 존재하고 존재할 수밖에 없는 현실을 깊이 있게 생각해봐야 할 것이다. 공교육만으로 만족할 수 있는 다양성 교육이 아직은 어렵다면 부모들이 앞장을 서야 한다고 본다.

혼자 힘으로 알파고를 만들 수 있었을까? 아니다. 가족의 든든한 후원 없이는 불가능한 일이었다. 우리나라의 경우라면 아이가 공부는 안 하고 체스나 게임에 매달려 있다면 "커서 뭐가 되려고 그러느냐, 공부나 하라"고 닦달했을지 모를 일이다. 아예 컴퓨터를 거실에 내놓고 감시하거나 시간 제한을 두어 쓰게 했을 것이다. 하사비스가 이런 환경이었다면 오늘날 세계의 주목을 받는 인공지능의 대가가 되어있을까?

하사비스의 가족은 다른 가족에게 볼 수 없는 세심한 관찰과 서로서로 존중해주는 상호존중 두 가지가 있었다고 한다. 세심한 관찰을 통해 하사비스가 어떤 끼를 가지고 있고, 어느 부분에 관심이 많은지 조기에 재능을 발견한 것이다. 이 부분에서는 나도 할 말이 없다. 나 역시 내 아들의 청소년기에 다른 부모들처럼 컴퓨터를 거실에 두고 필요할 때만 하라고 한 엄마였다. 지금은 '그때 왜 그랬을까?' 반성한다. 역시 사람은 죽을 때 까지 배워야 하고 공부를 해야 하나보다.

'지피지기면 백전백승'이다. 즉, '적을 알고 나를 알면 백번을 싸워도 백번 다 이긴다'는 말이다. 다양한 체험을 통해서 아이들의 재능을 알아보기 위한 프로그램이 많이 진행되고 있다. 지역 문화센터나 주민센터, 청소년 수련원 등 다양하게 진행되고 있다. 특히 잡월드 등의 장소에서는 청소년 체험관을 운영하며 청소년들이 진로를 결정하는데 도움이 되고자 직업 체험을 진행하니 기회가 된다면 이용하고 자신이 무엇을 좋아하고 흥미를 느끼는지 참고하면 좋을 것이다.

이렇게 직업체험뿐만 아니라 가고자 하는 대학교가 있다면 미리 아이들에게 함께 탐방계획을 짜게 하여 토론을 한 뒤 미래의 나의 모습을 꿈꾸게 해주는 것도 좋은 기회가 될 것이다. 특히 내가 자주 사용하는 방법이다. 그리고 탐방을 하고 난 후엔 그 학교에 가기 위해서 준비해야 할 것들을 순서대로 정리하고 그것을 이루기 위한 로드맵을 함께 만들어보는 방법도 있다. 공부하기 싫어하는 아이들에게 조금이라도 미래를 향한 꿈을 이야기하게 하고 선언을 하게 함으로써 꿈이 없어 "몰라요" 하던 아이들에게 긍정적인 영향을 주어 "꿈이 생겼어요"라고 말하며 그 꿈을 키우며 만들어가는 가슴 설렘의 기회를 주게 된다.

우리 원의 한 중학교 1학년 아이가 자동차를 무척 좋아한다. 자동차에 관한한 만드는 회사와 외제차 등 나도 잘 모르는 이름까지 다 알고 있다. 그 아이 아버지는 아이와 소통하는 법을 잘 알고 있다. 주말이면 가끔씩 자동차모터쇼, 오토살롱, 현대모터스스튜디오도 다녀와서 블로그 올리며 활동도 활발히 한다고 한다. 또 조립식 자동차 장난감도 직접 고르게 하고 조립할 수 있도록 도와준다고 한다. 때론 아이가 원하는 조립 자동차 장난감이 거금이라 부담스럽긴 해도 가능하면 지원해주려고 노력한다고 한다. 그 아이의 장래 희망도 자동차 디자이너가 되겠다는 꿈을 가지고 있어 기대가 크다. 이렇게 부모가 아이의 관심과 흥미분야를 관심 있게 지켜봐주고 격려해준다면 아이는 두려움 없이 미래를 준비할 수 있을 것이다. 실제 아이는 그 꿈을 이루기 위해 지금부터 철저히 준비하고 있는 중이라고 의욕이 넘친다.

구체적으로 미래를 상상하면 답이 보인다

나에게 지금 가장 필요한 로봇은 가사로봇이다. 나는 종종 내게 가사로봇이 있다면 어떤 서비스를 받을까 구체적으로 상상해본다. 로봇 이름도 지었다. 이름은 '사랑햐'이다.

이른 아침 '사랑햐'의 감미로운 피아노 연주소리에 잠에서 깨어난다. 기분 좋게 일어나 스트레칭을 하고 식탁에 가니 어젯밤 미리 아침식사예약을 부탁한 된장국에 오곡밥, 그리고 제일 좋아하는 치즈 잔뜩 뿌려 돌돌 말아 만든 치즈계란말이와 새콤하게 잘 익은 배추김치, 깔끔하게 맛있는 총각무김치가 맛깔스럽게 놓여있다. 나의 식사시간동안 주차장에 놓여 있는 자동차 말끔하게 세차해놓기를 부탁한다. 감사인사를 하고 출근 준비하면서 오늘 일과를 주문한다. 온 집안 구석구석 청소하기, 특히 내가 제일 하기 싫어하는 화장실 청소도 깨끗하게 청소하기 그리고 세탁실에 쌓아놓은 세탁물 세탁하고 다려놓기, 마지막으로 옥상에 올라가 화단에 물 주고 잔디 손질하고 예쁘게 심어놓은 채소를 뽑아 손질해놓기를 부탁하고 '사랑햐'의 배웅을 받으며 콧노래와 함께 집을 나선다.

나는 이런 꿈 상상하기를 좋아하고 즐긴다. 그러면 일의 능률도 오르고 행복해진다. 이렇게 구체적으로 상상을 하다보면 '사랑햐'와의 만남이 빠른 시일에 이뤄질 것임에 전혀 의심치 않게 된다. 이것이 바로 구체적인 상상의 힘이다.

4차 산업혁명 시대가 도래되어 창의적이고 도전정신을 가지고 창조경제를 이끌 수 있는 인재 양성이 절실하다. 따라서 미래에 필요한 창의융합형 인재로 성장해야 할 우리 자녀에게 역량강화를 위해 지금 당장 우리가 힘써야 할 부분은 무엇인가에 부모들은 반드시 확고한 교육철학이 필요하다.

우리 아이가 2020년, 2025년을 거쳐 학교 교육에서 사회로 한 걸음 나아갈 때 그 사회가 어떤 모습일까를 먼저 생각해보았으면 한다. 지금도 몇 년 후면 지구상에서 지금까지 존재하고 있는 직업들이 없어질 것이라고 하고 벌써부터 피부에 와 닿을 정도로 인정된 현실에서 우리들이 상상하는 그 이상의 것까지 모두 로봇이, 기계가 점령해서 우리들의 일자리를 차지할 것이다. 로봇에게 점령당할 것인가? 아니면 로봇을 점령하여 조종할 수 있는 능력의 인재가 될 것인가. 이런 혁명기 시대에 우리 아이들은 어디서 무엇을 할 수 있을까?

나는 지금도 아이들에게 "너희들의 미래에 어떤 모습일까?" 상상해 보기를 자주 주문한다. 미래 세상에서 "누릴 것인가, 누림을 당할 것인가?"를 꿈꾸어 보라 했을 때 아이들이 "우리가 로봇을 만들어 조종을 할 것이다"는 희망적인 이야기를 하면 칭찬과 함께 그러기 위한 준비를 어떻게 하면 좋을지 알아보라고 권한다. 그것이 책을 통하여 알아보든, 아니면 인터넷을 활용하여 찾아보던 방법은 여러 가지다. 단, 찾아보려는 노력만 동반된다면 말이다.

우리 아이들은 현재의 부모들의 보호 아래 미래의 예측에 대한 불안감은 없어 보여서 다행이지만 한편으로는 염려가 되는 부분도 있다. 세상은 엄청난 속도로 변화되고 있는데 우리 아이들은 단지 공부보다는 게임을 좋아해서 원 없이 게임만 하는 프로게이머가 되고 싶다는 식의 꿈을 가지고는 있어 구체적인 생각이 전무하다. 불확실한 미래를 확실한 내 것으로 만들기 위해서는 내가 나의 미래를 창조해야 한다. 그 미래를 창조하는 것은 비전을 통해서 가능하다.

초등학교 시절에는 진로에 대한 인식의 단계가 되고 중학교 시기에는 자신의 인생을 설계하고 그것을 구체화하는 시기이다. 그러기에 우리 자녀가 꿈꾸는 미래의 모습을 함께 상상해보는 것이 구체화시키는데 큰 도움이 된다. 아이들과 구체적인 대화를 많이 해보자.

대화를 통해 꿈을 심어주되 잔소리가 아니라는 믿음이 형성되어야할 것이다. 현재까지 우리 아이들은 부모의 잔소리에 이미 질려 있는아이들이 많을 것이다. 그러한 분위기를 자연스럽게 만들려는 노력으로 부모의 행동이 먼저 선행되어야 한다. 아이들은 부모의 모습을 보고자라기 때문이다.

함께 책을 읽고, 함께 음악도 듣고, 함께 공연도 보고, 성공한 사람들을 함께 만나고 궁금한 것은 찾아가 경험하게 해주자. 과거에는 '아는 것이 힘'인 세상이었지만 이제는 '실천하는 것이 힘'인 세상이다. 알고만 있으면 아는 것이 아니다. 실천할 때 비로소 앎이고 능력의 시작이다.

요즘은 학교에서 진로활동으로 창의적 체험활동시간이 이루어지고 있다. '존재 찾기', '직업 찾기' 등을 하며 여러 가지 상상과 관심과 흥미를 높일 수 있도록 도와주고 있다. 이는 아이들의 자아를 이해하고세상에 대한 시야를 넓혀주면서 자연스럽게 탐색을 유도하는 교육이다. 가정에서는 대부분 부모들에 의해 이루어지는데 요즈음에는 지역문화센터나 지역도서관, 그리고 주민센터 등에서 여러 가지 다양한 프로그램이 많으니 함께 참여해보는 것도 좋은 방법이다. 부모가 참여할 때는 아이들과 소통하며 아이가 하고 싶어 하는 것을 중심으로 진행하면 아이들의 창의성과 지적 호기심에 긍정적인 영향을 준다.

아이가 체험한 것을 일기로 쓰거나 메모로 기록하는 것도 좋은 방법이고 체험 시에 느꼈던 감정을 중심으로 대화를 나눠보며 포트폴리오 관리가 가능하게 유도한다면 좀더 구체적인 꿈 찾기가 될 것이다.

빅데이터 시대에서
살아남기

'빅데이터로 보는 세상'이라는 채널에서 '치킨지수'라는 단어가 자주 등장하는데 '행복지수'도 아닌 '불쾌지수'도 아닌 '치킨지수'라는 생뚱맞은 단어에 호기심이 발동했다. '치킨지수'란 빅데이터 분석업체 다음소프트가 치킨과 행복의 관계에서 착안한 용어로 치킨과 행복의 관계를 통해 행복을 지표화한 지수라고 한다. 또한 '치킨지수'는 치킨 관련 검색량과 날씨, 경제상황을 반영하여 치킨지수가 높을수록 행복도 큰 것으로 나타났다.

사회관계망 서비스(SNS)에서 나타난 빅데이터를 분석한 결과 치킨에 대한 연관어로 '먹고싶다', '맛있다', '신난다', '행복하다' 등 뽑을 수 있었다. 행복이라는 단어와 서로 연관성이 높다는 것을 데이터로 확인하여 대중의 심리를 나타내는 하나의 시그널이 되는 것이다. 치킨에서 발견한 행복은 날씨가 좋은 날, 경제적인 여유로움과 재미있는 것을 공유할 때 나타나며 작은 행복을 느낄 수가 있다. 경제시장이 활발하게 열리는 날에도 치킨에 대한 욕구가 높아진다는(2016년 평균 치킨지수가 2015년에 비해 43포인트가 상승함)결과 확인되었다. 실제로 내 주변에서도 치킨지수와 행복지수의 상관관계를 목격하고 하는데 우리 선생님들이 아이들의 시험결과가 좋을 때면 기분이 좋아 아이들에게 치킨을 사주는 경우가 바로 이 경우가 아닌가 싶다.

빅데이터 시대란 나의 일상생활의 행동 하나하나가 빠짐없이 데이터로 저장되고 있는 셈이다. 『클라우드 슈밥의 제4차 산업혁명』이란 책에는 '세계에서 가장 큰 택시 기업인 우버는 소유하고 있는 자동차가 없고, 세계에서 가장 많이 활용되는 미디어인 페이스북은 콘텐츠를 생산하지 않는다. 세계에서 가장 가치 있는 소매업체인 알리바바는 물품목록이 없으며, 세계에서 가장 큰 숙박 제공업체인 에어비앤비는 소유한 부동산이 없다'고 쓰여 있다.

특히 알리바바는 2016년 중국 11월 축제인 광군제에서 전자상거래 빅테이터를 기반으로 만들어진 인공지능 로봇 '이티'를 공개하면서 진행자들의 질문을 음성과 의미를 분석해 2~3문장의 대답하는 것과 관객의 얼굴을 정확히 기억해 숨긴 카드를 정확히 맞추는 능력을 선보였다. 또한 실시간으로 집계되는 거래액과 상품 판매량 통계는 색깔로 구분지어 매 초마다 새롭게 갱신되는 모습은 탄성이 절로 나왔다.

또한 자체 택배 시스템을 분석한 빅데이터를 통해 각 지역별 택배 배송 현황에서 가장 빨리 받은 사람이 과즙기를 결제한 후 단 13분 만에 받았다는 것과 해외직구 첫 배달은 28분 만에 완료되었다는 것으로 놀라움을 일으켰다. 또한 알리바바 통계에 따르면 거래액 10억 위안을 돌파하는데 단 52초가 걸릴 정도 중국판 블랙프라이데이인 광군제 매출 실시간 집계로 빅데이터 마술쇼의 극치를 보여주었다.

우리나라도 지난해 'K-ICT 빅데이터 콘퍼런스'에서 LG생활건강, 삼성 중공업, KT 등 국내외 42개 기관과 업체가 참여해 전시 부스를 만들고 빅데이터와 관련한 다양한 솔루션과 활용 사례를 선보였는데 LG생활건강은 스마트폰으로 '셀카'를 찍어 수만 장과 비교 후 화장 점수를 매겨주는 프로그램을 선보였고, 삼성중공업은 현대중공업과 포스텍 등과 협력해 빅데이터 선박 제작 시스템을 개발하고 있고, 기자제 제조 과정을 실시간으로 체크하고 데이터를 기반으로 납기일을 맞출 수 있게 된다하니 귀추가 요망된다.

또한 KT는 감염병이 유입되었을 때 초기 대응할 수 있도록 통신 로밍 빅데이터를 활용하는 솔루션을 선보였고 항공기 탑승 정보와 로밍 고객정보를 융합해 감염병 오염국가에 방문한 후 귀국했을 때 동선파

악을 할 수 있다며 다른 기업들도 빅데이터의 기능을 통해 활용 후 우수성을 선보였다고 하였다.

　'데이터'의 사전적 의미는 프로그램을 운용할 수 있는 형태로 기호화하거나 숫자화한 자료라고 명명되어있다. 그렇다면 빅데이터란 무엇일까? 빅데이터란 과거 아날로그 환경에서 생성되던 데이터에 비하면 그 규모가 방대하고, 생성 주기도 짧고 형태도 수치 데이터뿐 아니라 문자와 영상 데이터를 포함하는 대규모 데이터를 말한다. 참 어려운 용어들이어서 비전문가인 입장에서는 그냥 편하게 커다란 알라딘의 마술램프라고 생각하고 싶다. 다만 단 세 번의 기회가 아닌 무한 리필되는 마술램프. 그리고 빅데이터의 '마술램프를 조종할 수 있는 알라딘'이 된다면 4차 산업혁명의 물결 속에서 살아남는 길을 찾는 것이 어렵지 않을 것이다.

　이런 빅데이터의 쓰임으로 우리가 쉽게 접근할 수 있고 피부로 느낄 수 있게 활용되고 있는 대표적인 케이스가 서울의 심야버스이다. 서울 심야버스 노선은 빅데이터를 통한 서울 시민들의 이동분포를 분석하여 이동분포가 많은 곳을 바탕으로 만들어 졌다고 한다. 또한 '쿠팡 로켓 배송'은 업체에서 빅데이터를 통해 물품의 예상 판매량을 미리 예측하고 준비해 놓기 때문에 빠른 배송이 가능하다고 한다.

　하지만 외국에서는 국내의 빅데이터에 대해 기술 수준은 높지만 경쟁률은 낮은 것으로 평가하고 있다. 우리나라의 경우 수집, 저장관리에서는 상대적으로 기술 수준이 높지만 데이터를 운영관리 분석하는 분야에서 취약하다고 한다.

미국 밥슨 칼리지 대학의 교수인 톰 데이브포트는 지난 해 10월에 "한국은 빅데이터 금광임에도 불구하고 그걸 제대로 캐내지 못하는 것 같아 안타깝다"고 지적한 바 있고, 인프라 강국이며 빅데이터를 쓰기에는 최적인 환경이고 IT강국인 한국이 왜 빅데이터에서 낮은 평가를 받고 있는지에 대해 전문가들은 인재부족과 빅데이터 성공사례 부족과 개인정보 문제와 관련 법제도 미비를 꼽았다.

결론적으로 빅데이터의 활용은 필수적인 미래 산업이 될 것이다. 우리가 IT강국이고 금광이라면 머지않아 빅데이터 산업에서도 놀라운 성장을 기대할 수 있을 것이다. 적어도 우리 아이들이 미래에는 말이다.

그렇다면 지금의 우리 아이들이 성장해서 취업을 하게 될 때에는 세상이 어떻게 달라져 있을까? 지금도 취업이 어렵다고 아우성인데 일자리는 더욱 더 줄어들게 된다고 한다. 그럼 아이들은 취업하기 더욱 힘든 세상으로 변모할 것이 아닌가. 하지만 또 새로운 분야는 개척된다. 앞서 말했듯 '빅데이터'는 우리 생활 깊숙이 확산될 것이다.

학교에서 학생선발을 하거나 기업체에서 인재를 선발할 때도 체계적으로 모아 둔 빅데이터가 준비되었는지 여부가 당락에 영향을 미치게 될 것이다. 그러니 일찍부터 아이의 이력 관리, 즉 포트폴리오 관리에 관심을 가져야 할 것이다. 체험을 통한 학습이나 독서를 통한 기록 등 개인이 기록해두어야 할 모든 자료를 빅데이터에 차곡차곡 저금해 놓기를 하여야 한다.

미래는 준비된 자에 의한 세상이 될 것이다. 준비라는 것은 하루 아침에 이뤄낼 수 없는 미래 예측의 초급 단계이니 지금부터 시작해도 늦지 않을 것이다. 시작이 반이나 이미 성공은 50%를 넘어 100%를 향하여 달리기를 시작했다. 나머지는 훨훨 날도록 하자.

이렇게 하나하나 준비하여 '빅데이터'의 저금통에 꼬박꼬박 저금을 하게 된다면 '티끌 모아 태산'이라고 5년 후, 아니 10년 후의 빛나는 보석이 될 나만의 알라딘 요술램프 '빅데이터'가 내 손안에 있을 것이다.

PART.3

새로운 세상 속
아이의 사춘기

질풍노도의 시기. 요새는 흔히 '중2병'이라고 하는 사춘기의 고전적인 표현이다. 표현은 달라져도 동서고금, 사춘기 증세는 늘 변함이 없다. 반항이 심해지고 친구와의 관계를 중시여기며 부쩍 부모와의 관계가 소원해지는 때. 더불어 성적이 떨어지고 마음의 갈피를 잡지 못 해 왜 학교에 가야 하는지, 앞으로 커서 무엇이 되고 싶은지, 급기야 왜 살아야 하는지 모르겠다는 말을 입에 달고 사는 경우가 많다. 이런 증세는 특히 우리나라 아이들에게 심하게 나타나는데 바로 학업 스트레스와 일방적인 학업 강요가 큰 이유라 할 수 있다.

엄마가 먼저 공부하라

"엄마는 뭐하셔?"

"TV 봐요."

"아빠는?"

"핸드폰 게임이요."

"아하, 그래서 함께 TV보느라 숙제를 못 해왔구나."

"…."

대부분의 아이들 가정 분위기이다.

"도무지 아이들이 책을 읽지 않아요."

"책 읽는 꼴을 못 봤어요."

아이를 상담할 때 가장 자주 듣는 말이다. '그럼, 어머니는 책 읽는 꼴을 보여주시나요?'가 목까지 올라오지만 차마 내뱉지는 못한다. 하지만 시내 중심가의 대형 서점 등을 자주 가보면 또 다른 모습에 매우 흐뭇하고 정겹다. 가족끼리 나와서 아무렇지 않게 앉아 독서삼매경에 빠져있는 아주 자연스러운 모습을 목격한다. 진짜 가까이 가서 칭찬하며 한마디 건네고 싶지만 행여 민폐가 될까봐 따뜻한 눈빛으로 담아온다.

내 아이들은 어릴 때부터 책과 가까이 살았다. 특히 둘째아이는 궁금한 것이 많아서 책을 읽다가도 귀찮을 정도의 질문을 많이 했다. 아마 엄마가 학원장이기 때문에 '엄마는 다 안다'고 생각했을 것이다. 그것에 하나를 더하자면 웬만한 질문은 나름 성실하게 꼼꼼히 대답을 해주려고 노력한 모습이 전해진 것 같기도 하다. 아이 아빠 역시 직업이 도서관 사서였기에 우리 집에는 책이 널려 있었다. 그래서 독서하는 습관은 시켜서라기 보다는 가정환경에서 오는 자연스런 현상이었다.

요즘은 인문학 강좌가 인기를 끌면서 TV프로그램에서도 좋은 프로그램이 많이 소개되고 있다. 그만큼 수강생의 증가와 다양한 분야로 다양한 계층들이 알고자 하는 열망이, 배우고자 하는 사람들이 많아졌다는 자체가 반가운 현상이다. 또한 길거리 강의인 '버스킹'도 뜨고 있으니 그냥 스쳐가는 유행이 아니기를 염려해본다. 인터넷 카페에서도 공부하는 어머니들의 여러 가지 자녀양육, 교육, 여행 등의 상호 정보교환이 활발하게 이루어지고 있어서 대한민국 주부들의 찬란한 반란은 아주 긍정적인 모습이다.

나는 50살이 넘어서 재교육에 도전했다. 내가 하는 교육이 사교육을 하는 장이라 해도 성적을 올리기 위한 학습에만 신경을 쓰고 싶지 않았다. 아이들에게 늘 나의 진정성과 사랑을 느끼게 해주고 싶었다. 그러기에 뭔가 2% 부족함을 느꼈고, 아쉬움과 안타까움이 자리매김해 나를 괴롭혔다. 결국 교육학 박사 과정에 도전했다. 남들이 '그냥 편히 살지' 하는 눈빛이었지만 나의 넘치는 열정은 힘겨움을 이겨냈고 재미있고 의미 있는 공부였다. 공부를 하는 내내 스스로에게 '정말 잘 시작했다', '축하해', '넌 참 대단해', '역시 너야', '내 긍정의 아이콘을 모두 다 쏟아내어 토닥토닥'이라고 주문을 외듯 스스로에게 격려와 칭찬을 아끼지 않았다.

공부를 하면 할수록 자신감과 단단함이 쌓이게 된다. 세상이 바뀐다. 아니다 내 자신이 바뀐다가 정답일 것이다. 앎의 힘이란 대단하다. 그리고 또 다른 목표가 생긴다.

물론 학교에 가서 학위를 취득하는 것만이 공부가 아니다. 요즈음은 문화센터나 평생교육원 또한 지역 주민센터에서도 무료 교육프로그램이 활발하다. 또한 인터넷 검색만 해도 엄청나게 쏟아진다. 말 그대로 정보의 바다이다. 그 속에서 아이들과 함께할 수 있는, 제일 잘 할 수 있는 것을 선택해 해본다면 아이들이 "우리 엄마가 달라졌어요" 라며 좋아할 것이다. 행여 아이가 질문할까봐 전전긍긍할 필요가 없을 것이다. 이렇게 엄마의 노력으로 아이의 귀에 엄마의 목소리가 잔소리나 큰소리로 치부되지 않게 되면 곧 아이들의 행동도 놀랍게 바뀐다. 가족끼리 서로 감사와 배려를 통해 화목한 가정이 바로 엄마의 공부에서 시작된다면 사춘기 아이들의 혼란도 유난스러운 방황이 아닌 잠깐 나갔다 들어오는 나들이가 되지 않을까?

어둡고 침침하고 매캐한 PC방 등을 전전하며 엄청난 무기로 무장한 전사들의 싸움터에서 죽이고 폭파해 획득한 점수에 환호하는 안타까운 아이들의 호기심을 진정한 미래를 위한 엄마들만의 이벤트로 변화시켜보면 어떨까 한다.

"엄마가 잘 모르겠는데 좀 도와줄 수 있니?" 엄마도 이미 문화센터에서 배워서 알고 있는 부분이지만 아이에게 은근히 러브콜을 한다면 아이는 의젓하고 의기양양하게 그리고 친절한 선생님이 되어 설명할 것이다. 그러고 나서 거침없이 칭찬을 해준다면 아이는 점점 말수가 많아지고 엄마 옆에서 더욱 가까워지려고 할 것이다.

4차 산업혁명 시대엔 'ICBMS'가 성패를 가른다고 한다. 요즘 아이들도 AI(Artificial Intelligence, 인공지능)정도는 다 안다. IoT(Internet of Things, 사물인터넷), C(Cloud, 클라우드), B(Big-data, 빅데이터), M(Mobile, 모바일), S(Security, 보안)의 약자를 따서 ICBMS라는 신조어도 웬만해선 다 알고 있으니 잘 활용해 보면서 4차 산업혁명에 입각한 물결 속에서 함께 꿈꾸기를 엄마들의 공부를 통해 우리의 미래를 희망 둥이들에게 기대해보면 어떨까?

스티브 잡스의 천재성은 새로운 디자인이나 비전이 아닌, 기존의 제품을 개량해서 새로운 제품을 만들어 내는 편집능력에 있었다고 한다. 여러 가지 좋은 기술로 만들어진 기존에 있던 제품들을 관점을 달리해서 창의적으로 재구성하는 능력을 요구하는 시대이다. 그것이 쉽게 말해 융합이고 스마트폰의 탄생이 바로 융합으로 만들어진 것이다.

엄마들이 가장 착각을 많이 하는 부분이 자녀에 대해 가장 잘 알고 있다는 점이다. 자녀를 가장 많이 사랑하고 아끼는 것은 당연히 부모임에는 틀림이 없다. 특히 부모가 자녀를 위한 조언을 귀담아 들어주지 못하고 거부하는 사춘기 아이들에 대해 '엄마가 먼저 공부하라'는 진정한 의미는 아이들에게 무조건 '공부하라'는 강요와 간섭보다 엄마가 먼저 책을 읽는 모습을 보여주자는 말이다. 엄마가 먼저 TV를 끄고 핸드폰 게임을 접고서 말이다. 내 아이가 스스로 알아서 하는 아이가 되기를 소망한다면 동기부여가 우선이다. 작은 것에서부터 책임감을 가지고 부모가 먼저 솔선수범하는 모습이 부모역할이라 생각한다.

엄마가 먼저
행동하라

　나의 출근시간은 오전 10시 전후다. 그리고 통상 하루 12시간 근무한다. 늘 초심을 잃지 않으려 스스로 마인드콘트롤 하며 '내가 문 열고 닫자'가 신조이다. 그날도 일찍 출근하여 차 한 잔 마시며 하루를 살펴보노라니 "똑똑" 노크소리가 들렸다. 어느 30대 후반의 예쁜 엄마가 몹시 쭈뼛거리며 들어섰다.

　반갑게 맞이하며 자판기 커피를 드리고 아이 상담을 오셨느냐고 여쭈어도 여전히 망설이며 두리번거리고 안절부절 하였다. 괜찮으니 편안하게 말씀하시라고 시간을 드렸더니 첫 마디가 몇 달 전부터 주변을 맴돌았다 한다. 사연을 들어보니, 도보로 30여 분 걸리는 곳에 사는 사람이고 아이 문제가 아닌 본인 문제로 상담을 온 것이었다.

"사실은 제가 어릴 때 가정형편으로 학교도움을 못 받아 글자를 몰라요. 글자를 모른다고 하면 창피하고 부끄러워 이제는 도무지 안 되겠다 싶어 용기를 내어 찾아다녔는데 매일 일찍 문을 열린 곳이 여기 밖에 없더라고요. 아이를 상담하는 척하며 지인들에게 물어보니 평도 괜찮다고 해서 '안 된다'고 하면 붙잡고서 사정이라도 해야겠다는 심정으로 들어왔어요."

처음 듣고 조금 멍했다. 요즘 세상에, 이렇게 젊은 처자도 글을 모르다니. 그러나 곧 너무 안타까운 마음에 가슴이 먹먹했다.

"그동안은 아이들이 어려서 엄마 사정을 모르니 대충 넘어갔는데 이제 아이들도 크니까 행여 '한글도 모르는 엄마'를 눈치 챌까봐 너무 무서워요. 남편은 괜찮다고 하지만 행여 무시하지 않을까 노심초사되고. 남편 일을 도와주고 싶어도 한글을 모르니까 파나 야채를 다듬는 허드렛일 밖에 할 수 없어 너무 슬퍼요."

"한글을 알게 되면 제일 먼저 무엇을 하고 싶어요?"

"은행에 가서 입출금을 직접 써서 해보고 싶어요. 아이들이 학교 간 이른 아침에 와서 배우고 싶은데 꼭 좀 도와주세요, 네?"

그렇게 시작한 한글공부를 주 3일씩 진행하면서 그분과 함께 정말 행복했다. 스스로 혼자 은행에 가는 모습을 '상상하기' 남편의 슈퍼마켓으로 일을 도와주러 갔는데 당당히 계산대에 서있는 모습 '상상하기'

등을 구체적인 목표를 상상하고 느낌을 말하도록 했다. 때론 눈물 콧물 흘리며 삶의 얘기 속에 푹 빠져서 시간가는 줄 모르고 진행되었다.

쉬운 유행가 가사를 적어 받아쓰기를 해보기도 하고 틀리면 노래 부르기를 시켜가며 보낸 시간이 6개월, 때때로 중간 중간 손님이 뜸한 시간대에 마켓 계산대에서 실습했다며 너무너무 좋아하던 모습, 이제 라도 용기 내어 시도한 공로를 칭찬해주고 인정해주며 격려와 박수로 함께 한 시간들이었다.

처음 약속했던 기간이 다가오면서 드디어 디데이를 잡고 "살면서 이렇게 가슴 떨어보긴 처음이다"라며 은행 업무를 마친 그분을 모시고 한정식당에 가서 거하게 대접했다. 지금도 그분의 그 뜨거운 눈물을 잊 지 못한다.

「쥐라기공원」, 「E.T」, 「인디아나 존스」의 감독 스티븐 스필버그는 어릴 때 학교를 지옥처럼 여기며 성적도 언제나 뒷자리였고 친구도 없 어 늘 외톨이였다고 한다. 그의 어머니는 스필버그가 원하는 것은 스스 로 결정하도록 하였으며 실수를 할 경우에는 스스로 반성하게 하였다 고 한다. 특히 상상하기를 좋아하는 스필버그에게 충분히 상상할 수 있 도록 다그치지 않고 시간적인 여유와 여건을 마련해주었다. 아이를 향 한 어머니의 긍정정인 믿음과 신뢰와 사랑이 스필버그로 하여금 세계 적인 영화감독이 되게 하였다.

이처럼 창의적인 유명인들 특히 IT의 선봉장들은 대체적으로 스필버그와 같다. 페이스북의 마크 저커버그, 마이크로소프트의 빌 게이츠, 애플의 스티브 잡스 등이 태어나 자신들의 회사를 만들기까지를 살펴보면 어릴 때부터 컴퓨터 신동이었을지는 몰라도 인간관계는 서툴었고, 학교생활은 부적응했으며 명문대에 들어갔지만 졸업을 못했던 점도 비슷하다. 그리고 가장 큰 공통점은 훌륭한 부모가 곁에서 늘 있었다는 사실이다. 가정 환경과 형편은 달랐지만 한결같은 자녀사랑으로 자녀의 천재성을 알아채고 남다르게 교육했다. 이런 부모들의 애정과 관심이 오늘날의 세계를 뒤흔드는 명성을 떨치고 있게 하였다.

20대에 페이스북을 창업한 저커버그의 부모는 끊임없이 질문하는 아이들을 귀찮아 하지 않고 최선을 다해 지지해주는 부모였다. 저커버그가 어릴 때부터 몸에 밴 검소한 삶을 살면서 아이들의 미래를 위한 일이라면 엄청난 거액을 선뜻 기부할 수 있는 것 역시 부모에게서 물려받은 정신적 유산이다.

IT로 세상 사람들의 생활 방식을 송두리째 바꿔버린 창의성의 귀재 스티브 잡스는 세상에서 가장 존경하는 사람은 자신을 키워준 양부모다. 어려운 형편에서도 훌륭한 손재주와 성실하고 치밀한 자세 그리고 따뜻하지만 엄격했던 부모였고 언제나 "나는 너를 믿는다"고 격려해주었다.

최고의 자선사업가로 변신한 IT 천재 빌 게이츠 부모 역시 학창시절 컴퓨터 외에는 아무런 관심을 갖지 않고 스스로를 통제할 능력을 잃어버릴 정도 심각할 때 부모의 영향으로 폭넓은 지식을 쌓을 수 있었다. 그 결과 다양한 분야를 아우르는 눈을 가진 사람이 되었으며 소외된 이웃을 보살피는 부모의 모습을 보고 자란 덕분에 현재 세계의 가장 큰 기금을 운영하는 자선 사업가가 되었다.

심리학자 아들러는 아이의 자신감과 자존감을 높여주고 자신이 기여하는 있다는 것을 증명하기 위해서는 칭찬보다 격려를 사용하라 하였다. 예를 들어 "넌 항상 약속 시간을 잘 지키는구나"는 칭찬이다. "네가 약속시간을 지킬 수 있도록 노력하는 모습이 보여"는 격려이다. 이렇게 구체화를 시켜주며 해야 할 행동에 중점을 두는 것이 더 효과적이라는 뜻이다.

동물원에서 사육사들이 돌고래를 길들이는 방법은 굴렁쇠를 물속에 넣어 우연히 굴렁쇠를 빠져나간 돌고래에게 상으로 생선을 던져준다고 한다. 그러면 돌고래는 생선을 얻어먹으려고 기를 쓰고 그 굴렁쇠를 빠져 나가려고 한다. 반복 연습을 통해 사육사가 굴렁쇠를 하늘 높이 치켜 올려도 몸을 날려 공중의 굴렁쇠를 잘 빠져나가는 묘기를 선보여준다고 한다. '칭찬은 고래도 춤추게 한다' 효과는 자녀들이 옳은 일을 했을 때 아낌없이 격려하고 칭찬하는 것으로 가장 크게 나타날 것이다.

아이들이 중간고사나 기말고사를 준비할 때에는 개인 상담이 진행된다. 지난 시험 성적표와 함께 다음 목표를 정하면서 스스로 어떻게 준비할 것인지와 성공했을 때의 보상도 함께 결정한다. 그리고 목표를 너무 높게 잡으면 마음의 부담이 스트레스가 되어 오히려 부작용이 일어난다. 차라리 지난번 점수보다 하나씩만 더 맞아보자고 독려하면 오히려 아이들의 점수는 훨씬 좋은 점수로 보답한다.

감정기복이 심한 사춘기인 만큼 우리 모두 긴장 줄을 놓지 않고 표정을 살피며 사춘기 열병을 식혀주려고 노력해야 한다. 물론 이런 방법이 모두에게 성공적인 것은 아니지만 대체적으로 마음 공감하며 격려하고 인정하고 칭찬해주면 아이는 한걸음 한 걸음 나아간다.

● 미래형 인재 키우기 ●

높은 자존감은 높은 성취감으로 연결된다

칭찬과 격려는 아이의 자존감을 높여준다. 여기서 한 단계 더 나아가 아이의 행동에 대한 구체적인 격려는 아이가 자신의 행동을 긍정적으로 뒤돌아보는 계기를 마련해준다. 즉, 해야 할 행동에 중점을 두어 격려하고 그 행동을 했을 때 칭찬한다면 자존감이 성취감으로 연결될 것이다.

아이와 함께 생각하라

내게는 5살 된 외손녀가 있다. 이 아이는 정말 사랑덩어리, 행복덩어리, 에너지원이다. 아이에게 나는 아주 어릴 때부터 단답형이 아닌 질문식 장문장으로 대화를 하였다. 아이가 말을 하든 못 하든 듣고 있음은 분명하니까 말이다.

한 잔의 물을 주면서도 "물 줄까?"가 아니라 "현이야, 이것은 물이야, 물 맛이 어때? 맛있어?" 이런 식이다. 이런 대화가 습관이 되어서인지 이제 막 5살인데도 "할머니 생각은 어때?", "현이 생각에는…"이라며 자신의 생각을 말하는 것을 주저하지 않는다. 남편은 "자기 주장이 강하다"고 하지만 나는 자기 생각을 잘 말하는 거라고 말한다.

아이와의 대화를 주위에 얘기했더니 나와 현이가 어릴 때부터 애착관계가 형성되어 있어서 그럴 것이라고 하였다. 만 1살 전후에 형성된 애착행동이 성인이 되어서까지 아니 요람에서 무덤까지 지속될 수 있다는 종단연구가 보고되어 있다. 아이들이 성장과정에서도 애착행동은 대인관계와 자존감에 높고 낮은 영향을 끼치고 있음으로 어려서부터 아이와의 애착행동의 중요성을 인지하고 긍정적인 양육태도로 아이들을 길러야 될 것이다.

세계에서 가장 영향력을 끼치고 있는 민족으로 손꼽히는 민족이 유대인이다. 그 분야가 정치, 경제, 문화, 예술 등 거의 모든 분야에서 세상을 바꾸고 있다. 대표 인물들을 살펴보면 빌 게이츠, 스티븐 스필버그, 마크 저커버그 등이 있다. 물론 아인슈타인도 유대인이었다.

우리는 어려서부터 "학교에서 선생님 말씀 잘 듣고 왔니?" 이런 교육을 받았다면, 유대인의 엄마들은 "오늘 학교에서 무슨 질문은 했어?" 이런 교육을 한다고 한다. 유교식 교육과 유대교식 교육법의 차이점인 것이다.

요즘은 청소년 상담에서도 역할놀이를 많이 한다. 즉 입장 바꿔 생각해보기, 역지사지 기법이다. 이 기법은 아이들이 부모가 되어보고 부모들이 아이의 역할을 맡아 서로의 생각차이와 공감부분을 인정하며 자연스럽게 대화하고 토론하는 법을 배울 수 있게 된다.

이런 교육법은 아이들이 잘못했을 때는 무조건 야단치기보다는 왜 잘못을 저지르게 되었는지, 잘못했다고 생각이 들면 어떻게 했어야 하는지 등을 대화를 통해 말하고 생각을 나누며 반성하는 시간을 준다. 만약 벌을 받게 된다면 '생각하는 의자'를 마련하여 혼자서 생각할 시간을 주는데 이것이 바로 유대인식 교육이다.

또 유대인의 교육으로 끊임없이 꼬리에 꼬리를 무는 질문과 대화가 있다. 우리나라의 도서관은 조용해야 하는 규칙이 있지만 유대인은 서로 토론하고 대화를 해야 하기 때문에 소란스럽지만 나름대로 질서가 있다. 우리 관점에서 보자면 어른 말에 꼬박꼬박 토를 달고 말대꾸하는 버릇 없는 아이가 유대인의 아이들이다. 아이들을 가르치는 대상이 아니라 어른과 동등한 인격체로 생각하기 때문에 어른과 똑같이 토론하고 대화하여 그 결론을 이끌어내는 대화식 교육법으로 끊임없이 생각을 묻고 소통한다. 하나의 예로 아이가 장난감 가게에서 장난감을 사달라고 떼를 쓸 때에는 몇 시간이든 아이에게 사줄 수 없는 이유를 설명하고 또 아이의 말을 듣는다. 부모에게는 상당한 인내와 기다림의 끈기를 요구한다.

유대인의 학교 교육은 우리의 교실처럼 조용히 듣는 모습은 상상할 수 없다고 한다. 끊임없이 질문하고 대화로 진행되기 때문에 늘 소란스럽고 시끄럽게 보일 수 있다. 『탈무드』를 바탕으로 어릴 때부터 학교에서나 가정에서 철저하게 인성교육을 매우 중요하게 시킨다. 그리고 친구처럼 짝을 지어 끊임없이 질문하고 대화하고 토론하는 하브루타 식 대화법 교육을 한다. 이는 유대인 교육법의 꽃이라 할 수 있는데 친구나 엄마나 아빠 그리고 선생님 모두 대화상대가 될 수 있으며 질문과 토론 논쟁을 하면서 서로의 생각을 확장시켜주기 때문에 우리의 강의식 교육과는 달라도 너무 다르다.

우리 원에서는 영어 단어 시간에 테스트가 끝나면 내가 직접 일일이 사인을 해준다. 아이들마다 기준 점수가 다르기 때문에 통과 못한 아이들은 단어 공책을 내밀기가 선뜻 망설여 진다. 하지만 잘한 아이들이든 부족한 아이들이든 내 앞에서는 뭐든 한마디씩은 해야 하고 아이들도 질문이 있다는 것을 알고 있다.

"이 점수를 보고 무슨 생각을 했니? 만족하니?"

"만족하지 않는구나? 그럼 몇 개를 더 맞으면 만족할 수 있을까?"

"그 몇 개를 더 맞게 하려면 어떻게 하면 좋을까? 언제쯤 내가 확인할 수 있을까?"

나의 경우는 물론 사교육이라는 특성상 인성도 중요하지만 성적이 향상되어야 한다는 점을 염두에 두어야 한다. 그래서 나의 목표는 이런 훈련을 통해 더 잘 하는 아이로 변하게 하려는 것과 아이의 생각을 긍정의 사고로 전환시키고자 하는 노력에 있다. 그리고는 목표에 도달했을 때는 '엄지 척'은 물론이고 작은 선물공세도 서슴지 않는다.

미래의 인재로 성장하게 되는 우리 아이들에게 자유로운 생각을 통해 지식을 확장시키고 사고력과 창의력을 길러주어 스스로 자신이 알고자 하는 것을 찾아가게 해주어야 한다. 아이에게 생각하는 시간을 넉넉히 주어 끈기와 인내를 배우도록 하자.

또한 '말로 할 수 없으면 모르는 것이다'라는 말처럼 속으로 생각만 하고 주저하는 사고가 아니라 크게 소리 내어 외치며 자신감을 가지고 토론할 수 있도록 하자. 이런 자신감은 서로의 생각을 자연스럽게 나누고 이해하는 시간을 반복적인 연습을 통해 몸에 밴다. 이런 교육으로 나아간다면 아이의 성장 후의 미래 인간관계와 사회적응력 등도 함께 성장하게 될 것이다.

이런 행동은 아이뿐 아니라 부모도 함께 아니 먼저 해볼 필요가 있다. 집에서나 어디서든 사소한 것부터 차근차근 시작해보자. 처음에는 어색하고 서먹하겠지만 우리 아이들의 일이고 우리 아이의 미래가 걸려있는 중요한 행동이다. 혹시 방법을 모르겠거나 망설이게 된다면 가족 모두 없는 틈을 이용해 혼자 큰소리로 연습을 해보자. 그리고 잘 모르겠다면 책이든 인터넷이든 찾아 공부해보자. 한 번이 중요하고 그 한 번이 시작이다. 무슨 일이든 노력이 필요하고 연습이 필요하다. 부모의 사랑으로 아이들은 꿈을 키우고 성장한다는 것을 명심하자.

아이와
롤모델을 찾아라

2016년도 봄은 알파고와 이세돌의 흑백 점 대결로 세계가 깜짝 놀랐다. 인공지능 알파고를 만든 데미스 하사비스가 우리나라 바둑 거인 이세돌에게 도전장을 내밀었다. 이세돌의 바둑 기보를 보고 기술을 연마한 알파고는 이세돌을 내리 2번 이겼다. '인공지능의 습격'이라는 타이틀로 전 세계가 법석을 떨었다. 그러나 이때에도 이세돌은 차분히 전날의 바둑을 복기하며 다음 대국을 준비했다. 그 결과 이제는 인간이 인공지능을 이길 수 없다는 여론을 뒤엎고 값진 1승을 거두었다. 당시 많은 사람들, 아니 인류는 이세돌에 열광하며 그의 롤모델을 궁금해 했는데 그는 바로 이세돌의 아버지였다.

당신에게 롤모델은 누구인가? 삶을 그냥 열심히 사는 것도 중요하지만 닮고 싶고 상대가 있다면 참 가슴 뛰는 일이 아닐 수 없을 것이다. 무엇이든 하고자 하는 동기부여가 되어 목표가 생기면 더욱 노력을 하게 된다.

대부분의 롤모델을 선택할 때 유명한 저명인사나 위대한 업적을 이룬 역사적 인물들을 롤모델로 삼는다. 그들이 이루어낸 업적이나 훌륭한 일을 하는 기준이 다르고 분야도 상황도 다르기에 그들의 삶의 과정을 보고 각자의 인생을 살아가는데 도움을 줄 수 있는 사람을 선택하게 된다.

때로는 삶의 정신적인 지주로 멋진 삶을 살아가는 지혜를 발휘할 수 있도록 닮고 싶은 사람이 있다는 것은 축복이다. 롤모델은 우리를 좀 더 적극적인 자세로 살게 만드는 원동력이 될 수 있다고 본다. 롤모델은 내 인생의 로드맵이요, 네비게이션이다.

어두운 밤하늘에 반짝이는 북극성이 될 수도 있고 세상 전부를 밝혀주지는 못하지만 일부분이라도 밝혀주는 작은 랜턴 같은 역할만으로도 감사함이 충분하다.

롤모델이라 함은 신뢰가 가장 크게 작용을 할 것이다. 믿음과 신뢰로 묵묵히 지켜주는 따뜻한 사랑과 관심 그리고 언제 돌아가도 그 자리에 그대로 나를 편안한 휴식처가 되어줄 수 있는 그런 사람이 바로 롤모델인 것이다.

신문이나 뉴스, TV방송으로 보도되는 언론인, 의료인, 과학자, 나라를 대표하는 운동선수들도 같은 분야에서 이루고 싶은 꿈을 향해 전진하는 사람들을 롤모델로 삼는 경우가 많다.

미래에 축구선수가 되고 싶은 사람들은 박지성 선수를 꿈꾼다. 박지성 선수의 영웅은 차범근 선수였다. 피겨선수가 되고 싶은 아이들은 피겨의 여왕 김연아를 닮고 싶어할 것이고 그런 김연아는 롤모델로 미셀 콴을 꼽으며 노력했다.

특히 피겨선수 김연아와 축구선수 박지성이 성공하기까지를 살펴보면 그들의 성실한 자세와 태도, 강한 의지를 가지고 포기하지 않는 끈기와 도전 정신, 기필코 해내고야 말겠다는 꿈을 향한 열정이 남다름을 알게 된다. 또 바른 인성으로 타의 모범이 되어 최고의 자리에 올라섰지만 남을 돌아볼 줄 아는 훌륭한 자세들이 누구라도 롤모델로 삼기에 부족함이 없다. 성공한 그들이 그 자리를 물러나도 지속적으로 사랑을 받을 수 있는 이유는 다름 아닌 뒤를 돌아볼 줄 아는 멋진 자세 때문이다.

사업적으로 특히 IT분야에서 크게 성공하고 싶은 사람들은 스티브 잡스나 빌 게이츠, 하사비스 등을 닮고 싶을 것이다.

애플의 창업자이자 21세기를 움직인 혁신의 아이콘인 스티브 잡스는 사람과의 관계 맺기를 중요하게 여겼다. 그는 우리가 살면서 우연한 인연으로 알게 된 친구와의 관계가 앞으로 어떻게 발전할지 예측할 수 없으니 사람과의 관계를 소중히 하라고 조언했다. 이런 스티브 잡스의 비즈니스적 롤모델은 또 다른 완벽주의의 상징인 소니의 회장, 오가 노리오다.

또한 사람과의 관계에서 히딩크와 박지성을 빼놓을 수 없다. 히딩크는 2002 한일 월드컵 한국 대표팀 감독일 때 박지성은 평범한 선수에 불과했지만 히딩크는 박지성에게 격려를 아끼지 않았고 그에 힘입어 박지성은 축구선수로서의 영광스런 성공을 한다. 이 두 사람은 서로의 인생에서 결코 빼놓을 수 없는 특별한 존재이다.

인류를 떠들썩하게 만든 또 한 사람, 컴퓨터로는 절대 인간을 이길 수 없을 것 같았던 '바둑'이라는 종목에서조차 인간의 한계를 느끼게 한 알파고의 대부, 데미스 하사비스에게도 세계적인 게임 개발자인 피터 몰리뉴가 있다.

지금까지는 그야말로 세상을 떠들썩하게 만들었던 인물들이 나열되었지만 사실 닮고 싶은 사람은 꼭 멀리서 찾지 않아도 된다. 좋은 롤모델은 가까이에서도 충분히 찾을 수 있다. 롤모델이란 미래의 꿈이고 희망이기 때문이다.

어쩌면 이미 우리 아이들에게도 롤모델이 있을 수 있다. 게임에 푹 빠져있는 사춘기 시기이니만큼 '프로게이머'가 꿈인 아이들은, 예전에

60만 명을 움직이게 했던 세계 최고의 스타크래프트 프로게이머 임요한 선수를 꼽을 수도 있겠다.

연예인이 되고 싶은 끼 많은 아이들에게는 물론 세대마다 다르겠지만 인기 아이돌이 롤모델이 될 수 있을 것이다. 가요 프로그램에 나갈 수 있다는 상상만으로도 이미 상대는 롤모델이 되기 넘치는 조건이라 하겠다. 그래서 10대들이 아이돌 가수의 팬이 되어 열광하는 모습을 어른들은 한심하게 바라보지만 아이들에겐 분명한 이유가 있는 것이다. 바로 그들에겐 자신이 관심 있는 가수이건, 노래이건 좋아하는 관심사로 함께 소통하고 싶어 하는 열망이라는 것이다.

지금은 창의력이 세상을 바꾸는 시대이다. 10대에 꾸는 꿈이 안개 속에 있을지라도 태양이 떠오르면 안개는 걷히고 꿈은 명확히 보일 것이다. 바로 롤모델이 흐릿한 미래의 길을 비춰주는 태양과 같은 역할을 하는 것이다. 그렇다면 아이들에게 언제나 친숙하게 다가갈 수 있는 부모가 태양이 되어 아이의 첫 번째 롤모델이 되면 어떨까. 아이와 함께 꿈꾸고, 막연했던 꿈을 구체화시켜 보는 것이다.

부모가 한 걸음 나아가 내 아이가 무엇을 좋아하는지, 무엇을 잘하는지를 파악해보자. 그리고 흥미와 취미를 살려 미래의 직업과 연결시켜 천천히 아이에게 적격인 키워드를 찾아보도록 소통하고 격려하다 보면 길이 보일 것이다.

막연했던 꿈이 구체화되는 키워드가 답이다. 부모가 잠재되어 있는 아이들의 키워드를 찾아가는 과정을 지켜보고 동기부여를 해준다면 아이는 자신의 최고의 롤모델이 되어준 것에 대한 보답으로 존경을 표할 것이다.

이제 내 아이들이 작은 이순신이 되어서, 작은 스티브 잡스가 되어서, 작은 빌 게이츠가 되어서, 작은 김연아가 되어서 세상에 기여하는 모습을 상상해보자. 그리고 미래의 아이들이 내 아이를 롤모델로 삼는 모습을 꿈꾸어 보자.

PART. 4

부모가 바뀌어야 아이가 성장한다

아이는 힘들다. 부모도 힘들다. 세상에서 가장 사랑하는 사이인 부모 자식 간에 앙숙보다 더 살벌하게 싸우는 때가 아이가 사춘기 때다. 하루하루를 전쟁처럼 보내고 나면 아이도 엄마도 공부할 기력도, 다른 여가를 찾을 기력도 없다. 이제, 부모가 먼저 싸움을 멈추고 다른 곳에 눈을 돌려보면 어떨까. 새로운 세상이 왔다. 하루가 다르게 쏟아지는 새로운 기술, 정보로 세상에는 부모가 모르는 것이 너무 많을 것이다. 자신 만의 시간을 가지며 먼저 공부하다 보면 분명 아이와 관계 개선이 되는 것은 물론 부모의 공부하는 모습을 아이가 따라할 수도 있으며, 미래형 아이를 키우는 데에도 누구보다 빠르게 정보를 얻을 수 있을 것이다.

엄마의 꿈만큼
아이의 꿈이 자란다

'하루라도 책을 읽지 않으면 입에 가시가 돋는다'는 안중근 의사의 유명한 말도, '독서가 정신에 미치는 효과는 운동이 신체에 미치는 효과와 같다'고 한 리처드 스틸도 모두 독서의 중요성을 강조한 말이겠다. 나의 독서 시간은 밤 11시부터 시작된다. 어느 때는 1시간, 2시간 그때그때 다르다. 이런 습관은 거의 생의 반 정도가 되어가니 이젠 생활이 되었다.

가끔 부모교육을 하면서 "어머니의 꿈은 무엇인가요?" 하면 대부분이 그렇듯 당황하며 가족 건강하고 아이들 공부 잘했으면 좋겠다고 답한다. 다시 질문한다. "또 다른 꿈이 있다면 어떤 것이 있을까요?" 계속해서 몇 가지 비슷한 질문을 해도 가족 안에서 답이 나온다. 나의 질문 뒤에 숨어 있는 큰 뜻은 어머니 자신의 꿈이 무엇인가를 유도하는 질문이다. 어머니의 꿈이 궁금하고 그 꿈을 꺼내고자 한 질문이었는데 말이다.

결혼 전에는 괜찮은 직장에서 어엿한 직업인으로 살다가 결혼 후 자녀가 생기면서 대부분이 그렇듯 고민에 빠지면서 직장을 포기하고 육아에 전념하려고 자신의 꿈은 고이 접어 서랍 속 깊숙한 곳에 둔다. 감사하게도 시댁이나 친정 부모님의 도움으로 워킹맘으로 산다 해도 로봇처럼 낮에는 일하고 저녁에는 육아양육에 지쳐서 자신의 꿈을 펼치려는 생각조차 못하며 살아가기 일쑤다.

우리나라의 최초의 워킹맘은 '신사임당'이라 한다. 현모양처 그리고 화가로서 뜨거운 열정, 조선 최고의 학자 율곡의 어머니로서의 강인함까지 예전에도 우리의 워킹맘은 슈퍼우먼이었나 보다. 대한민국에서 워킹맘으로 살아간다는 것은 진정한 슈퍼우먼이 되어야만 가능한 것이기에 엄마들이 하고 싶은 꿈을 꾸기에도, 또한 실현하기에도 참 어렵다. 워킹맘이든 전업주부이든 자녀에게 엄마라는 이름으로 살아가는 것임에는 틀림이 없다. 자신의 꿈도 이루면서 자녀도 훌륭히 키우고 싶은 두 마리 토끼를 잡으려면 어떻게 하면 좋을까.

지금은 정부의 육아정책의 도움으로 0세부터 어린이집에 맡길 수가 있다. 그래서 출산휴가를 마치면 워킹맘으로 돌아가 가정 경제와 자기계발에 도움이 되고 있지만 내가 아이들을 키울 때는 이런 제도가 없었다. 자식 욕심이 많았던 나는 2남 2녀를 낳겠다고 늘 큰소리를 치곤 했는데, 둘째 낳고 키우면서 그 소리가 쏙 들어갔다. 그러면서도 현재의 상황에 만족하기는 내 가슴에 그 무언가가 끓어오르는 갈증이 있었다. 나는 그런 갈증을 독서로 조금이나마 풀곤 했다.

어릴 적부터 오빠들 틈에서 자란 덕분에 여러 장르의 책을 많이 접하며 살아 본의 아니게 취미가 된 독서였다. 대하소설, 로맨스, 시, 소설, 에세이 등등 일정한 장르가 아닌 다양한 분야로 책을 읽으면서 감동적인 글이나 인상에 남는 글들을 메모하며 끼적이는 습관은 지금도 계속하고 있다. 그런 모습이 내 아이들에게도 적잖게 본보기가 되었다. 실컷 놀다가도 동화책 들고 와서 읽어달라고 하기도 하고 내게 읽어주기도 했다. 나는 내게 읽어주는 것을 좋아했기 때문에 주로 듣기를 많이 했다. 그러고 나면 꼭 나의 큰 목소리로 폭풍칭찬을 해주었다.

아이들이 자라면서 특히 내 아들 녀석은 초등학교 시절엔 엄마가 일하는 엄마가 아니기를 바랐던 적이 있다. 왜냐하면 남들처럼 비오면 학교에 우산도 갖다주고 준비물도 챙겨주는 엄마이길 바랬기 때문이다. 나는 아이들에게 매일 일기예보를 듣거나 신문에서 찾아 비올 확률

30%가 넘으면 우산은 기본으로 가지고 다녀야 하고 혹시 안 가지고 갔을 때도 비 맞고 오는 건 당연하다고 교육시켰다. 이 부분은 내가 워킹맘이 아니었다 해도 변함이 없었을 것이다. 다른 엄마들은 준비물이나 우산 등을 못 가져다 줄 때 미안하다고 생각하는데 나의 생각은 다르다. '자립심은 이렇게 기르는 거야'가 아닌 삶에서 일상에서 가르쳐야 한다고 생각한다. 비도 맞아봐야 다음에 잘 챙겨야겠다고 생각하게 되고 준비물도 못 챙겼을 때 꾸지람도 들어야 잘 챙기고자 노력한다고 생각한다.

여성 자기계발 전문 강사인 김미경 씨는 "꿈은 현장에서 찾는 것이지 머리로 검색하는 게 아니다. 경험하라. 어제를 살았던 나에게 배운 대로 행동하게 되어 있는 것은 오늘이다. 어제의 내가 바로 오늘의 스승이 되는 것이다"고 하였다.

또한 교육학 박사 전혜성 교수는 "어머니들은 자녀에게 자신의 모든 것을 희생하는 삶이 아니라 어머니가 먼저 자신의 길을 개척해 나가고 자신의 분야에서 성공적인 삶을 살도록 열심히 노력하는 모습을 보여주는 것이 더 교육적이다"고 한 말에 난 전적으로 동감한다.

부모는 아이들의 거울이다. 그러기에 자녀가 성인으로 성장했을 때에 '어머니의 희생으로 자신이 성공한 삶'보다 '어머니의 성공적인 삶이 롤모델이 되어 성공한 자신'이 더 만족도가 높고 존경하는 마음이 클 것이다.

이젠 자녀양육이나 기타의 문제로 고이 접어 두었던 꿈을 다시 서랍에서 꺼내어 살펴보자. 건물도 오래되면 리모델링하듯이 내 꿈도 리모델링하며 정말 하고 싶은 것인지, 그리고 하고 싶은 그 꿈을 이루기 위해서 준비해야 하는 것을 적어보자.

그리고 그것을 이루기 위해 차근차근 계획표를 세워보자. 체크리스트를 만들고 책을 찾아 읽어보고 이룬 후의 나의 모습을 상상해보자. 실패도 하나의 경험이다. 우리가 살면서 우린 크고 작은 실패를 여러 번 겪어보았다. '실패는 성공의 어머니'라는 말도 있지 않은가!

미국 월스트리트의 한 회사에서 어떤 직원의 실수로 회사에 500억 달러의 손해를 끼치게 되었다. 그 사람은 "이제 잘리겠구나" 하며 낙담하였다. 그런데 회장이 "자네는 500억 달러짜리 아주 비싼 교육을 받은 것이다. 그러니 더 많은 걸 해내리라 믿는다"고 하였다. 그 결과 그는 더 큰 기업으로 성장하게끔 많은 일들을 이루어 냈다는 일화가 있다.

실패가 무조건 부정적인 것만은 아니다. 자신의 하고 싶은 꿈에 목표를 가족에게 선언해보자. 그냥 혼자만의 생각은 그저 생각으로 끝날 수 있다. 말로써 선언을 해놓으면 책임감이 생기며 이미 50% 성공인 것이다. 조금 더 걸리면 어떠하랴. 꿈을 이루는데 시간보다 중요한 것은 방향이다. '먼저 핀 꽃이 먼저 진다'고 하는 말과 같이 서두르지 말고 준비하자.

　꿈이 없는 엄마와 꿈이 있는 엄마 중에 여러분들은 어느 쪽일까? 내 자녀의 미래가 궁금하다면 나의 미래를 먼저 꿈꾸자. 엄마가 꿈이 있어야 내 아이도 꿈을 꾼다.

공감력이
힘이다

새로 들어온 학생이 지각을 했다. 시간 계산을 잘못했다고 한다.

"어머, 그렇구나! 야단맞을까봐 긴장했지? 괜찮아. 앞으로는 시간 잘 지키겠지. 적응할 때까지 며칠 동안 미리 문자해줄까?"

아이의 얼굴에 미소가 핀다. 이것이 공감의 힘이다. 몸이 아파서 힘들어 하는 아이들을 볼 때도 시험성적이 좋지 않아 시무룩한 아이들에게도 "괜찮아, 시험이 어려웠나 보다. 어떻게 만날 잘 보니? 네가 어려웠으면 다른 애들은 더 어려웠을 거야. 우리 조금만 힘내자" 이렇게 공감은 마음을 여는 문이고 통로이다.

공감은 끄덕임이고 공감은 미소이다. 또한 자기 말에 귀를 기울여주고 '그렇구나'라고 이해해주기를 바라는 마음이다. 그리고 좋은 말이든 나쁜 말이든 충고나 장황한 설교 따위는 듣고 싶지 않는 사춘기 아이들에게는 더욱 그러하다. 그냥 묻지도 따지지도 말고 이해해주기만을 바라고 인정받고 싶어하는 것 뿐이다. 이러한 아이들에게 '우리 서로 통한다'는 느낌을 함께 받을 수 있도록 좀 더 효과적인 것이 있다면 어떤 것이 있을까?

SBS TV예능프로그램에 「동상이몽」이란 것이 있다. 부모와 10대 청소년과의 가치관의 차이로 생기는 갈등들을 공개적으로 함께 풀어보자는 취지의 프로그램이다. 부모와 자녀의 실생활을 담은 영상을 보며 잘잘못을 가리거나 때론 부모 입장에서, 때론 자녀 입장에서 함께 고민해보며 공감의 시간을 갖는다. 그러다 보면 죽었다 깨도 이해할 수 없다던 서로를 눈물을 흘리며 이해할 수 있을 것 같다고 하는 경우가 많다.

공감의 힘은 오 헨리의 단편소설 『강도와 신경통』을 읽으면 쉽게 알 수 있다. 무서운 강도가 한밤중에 어느 부부집에 들어와 칼을 들이대며 두 손을 들게 하니 남편은 얼굴을 찡그리며 오른쪽 팔은 신경통 때문에 아파서 못 올린다고 호소했다. 강도 역시 자신이 신경통을 앓고 있고 그 아픔을 익히 알고 있다면서 동변상련을 느낀다. 자기가 강도라는 사실도 잊은 채 치료를 어떻게 해야 할까 밤새 화기애애한 대화를 나누다 날이 밝아 강도는 주인에게 악수를 청하며 낙심하거나 좌절하지 말고 속히 건강을 회복하라며 덕담을 나누고 돌아가는 이야기다.

공감의 힘은 매우 크고 놀랍다. 서로의 아픔과 어려움을 외면하면 같이 살아도 가족이 아니다. 또 함께 나누며 공감하면 강도는 더 이상의 강도가 아니다. 공감하기는 사실 어려운 일이 아니다. 아니 매우 쉽다. 그냥 아이들의 이야기를 들어주고 인정해주면 된다. 그러나 무한정 들어줄 수 없는 상황이 벌어질 때도 많다. 도가 지나치면 머리 꼭대기까지 올라가고 싶어 하는 아이들의 습성을 잘 알기에 적당한 선에서 잘라줘야 한다. 특히 공감할 때 행여 지적을 하거나 가르치려 든다면 게임은 끝이 난다. 그때부터 아이들은 마음의 문을 닫아서 잔소리나 야단을 맞는다는 느낌이 들 수 있다.

공감이란 가르치는 것이 아니다. 그냥 상대방의 마음을 이해해주고 상대방 입장에서 생각하는 것이다. 가끔 학부모님들과 통화를 할 때면 도대체 엄마 말은 안 들어 너무 속이 상하니 대신 아이에게 이야기 좀 잘 해주면 안 되는지 요청하는 분들이 있다. 그래도 원장선생님 말을 잘 듣는 것 같으니까 꼭 얘기해주었으면 좋겠다고 하신다. 난감하지만 이것 또한 아이와의 대화를 할 수 있는 정보라 생각하고 기억해둔 다음 기회를 만들어 간접 화법으로 이야기한다.

역지사지(易地思之)라는 말이 있다. 나와 상대방의 입장과 상황을 바꿔보는 것이다. 다른 사람의 처지에서 생각해보고 역할 바꾸기를 해 본다면 서로가 공감대 형성이 잘 이뤄질 것이다.

대부분의 사람들은 TV드라마를 볼 때 슬픈 장면이 나오면 눈물이 난다. 어느 땐 펑펑 울기도 하고 깔깔 웃기도 한다. 이 또한 공감이다. 공감하지 않으면 어떻게 드라마 주인공이 나인 것 같아서 울고, 웃을까.

나는 1년에 두 번씩 여름방학과 겨울방학을 이용해서 사춘기 아이들과 1박2일 캠프를 간다. 서울에서 멀지 않는 양평이나 가평 정도에 대형 펜션을 독채로 빌려 여름에는 수영과 캠프파이어, 겨울에는 눈썰매나 스키 등을 즐긴다. 그리고 저녁부터는 조를 짜서 다음날 새벽 6시까지 프로그램을 돌린다. 게임으로 식사, 설거지, 저녁간식, 또 저녁간식 등등으로 놀고 먹으면서 노래도 부르고 머리에서 발끝까지 스트레스를 다 날려버리고 함께 놀면서 선후배 사이의 유대감과 팀워크로 분위기는 최상이 된다. 물론 잠자고 싶은 아이들은 작은방에서 자도 되지만 거의가 녹초가 되도록 안 잔다. 오히려 우리 선생님들이 먼저 녹초가 되고 만다. 다녀온 다음날부터 다음 캠프를 기다리는 기대감 또한 공감이다. 초등학교 6학년들은 어서 중학생이 되어 이 캠프에 합류하고 싶어 할 정도이다.

이렇게 사춘기 아이들은 함께 공감하며 이해해주고 한 편이 되어주면서 때론 가르치는 입장을 떠나서 끄덕끄덕 아이들 편을 들어주면 좀

전까지 입 꼭 다물고 "덤벼봐!" 하던 얼굴이 장난스럽게 펴진다.

　나는 학원에서 아이들에게 놀 때 신나게 놀라고 한다. 선생님들에게도 가끔 이벤트로 아이들과 게임시합도 하고 음식도 함께 만들어 먹으며 학습적으로만 접근하는 것보다 선생님의 근엄적인 모습에서 살짝 이탈하여 분위기를 바꿔 때론 형처럼, 때론 언니처럼 관계형성을 갖도록 노력하길 부탁한다. 근무하는 선생님들에겐 힘들겠지만 아이들의 멘토 역할을 할 수 있도록 부탁하고 교육한다.

　사춘기는 소낙비다. 지나가는 비라는 뜻이다. 지나가는 비는 곧 그칠 것이고 그 자리에 무지개가 뜰 것이다. 자녀들이 햇살 가득한 드넓은 세계에서 큰 꿈을 꾸며 성장할 수 있도록 하려면 따뜻한 사랑이 필요하다. 과식하면 체하듯이 방황하는 아이들을 자꾸 붙잡아 의자에 앉히려 하지 말고 많은 욕심을 내려놓으라는 말이다. 사춘기와 싸움하는 청소년들의 마음을 이해하고 공감하며 느긋이 함께 바라보고 지켜보는 부모, 선생님이 되었으면 한다. 끄덕끄덕 인정해주면서 말이다.

내 아이를
욕하라

　　러시아의 문호 톨스토이에게는 어린 딸이 있었는데 하루는 친구와 심하게 싸운 딸이 아빠인 톨스토이에게 친구를 혼내달라고 말했다. 톨스토이는 속상했지만 빙그레 웃으며 딸을 꼭 껴안고 속삭였다.

　　"아빠가 그 아이를 혼내주면 그 아이는 너를 더 미워할 수 있단다. 그 아이를 미워하는 것보다 사랑하는 것이 훨씬 낫지 않을까. 너의 사랑이 전해지면 다시는 너를 괴롭히지 않을 거야."

　　그리고는 샌드위치를 만들어 친구에게 갖다 주라고 말했다. 그 후 톨스토이의 딸과 그 아이는 사이좋은 친구가 되었다. 톨스토이는 딸에게 미움보다는 사랑을 가르쳤다.

남편이 소속된 모임에 1박2일을 함께 한 적이 있었다. 그 중 한 분이 오시기 전날 따님이 셋째를 낳고 마침 겨울 방학 시작이라 두 외손자를 집으로 데려오셨다고 한다. 큰 외손자는 외국인 학교에 다녀 발표회를 하였는데 영어를 아주 잘해 아주 흡족하고 뿌듯해 하셨다. 그런데 외가에 온 아이들이 남자 아이들이다보니 자꾸 투덕거리더니 급기야는 큰 애가 동생에게 무지막지한 폭력을 가했다고 한다. 깜짝 놀라 달려가 말리면서 엄청나게 혼내셨는데 많이 놀랐을 거라고 후회하며 걱정하셨다.

"내 새끼 같으면 두들겨 패서라도 고쳐놓겠는데 손주라 그렇게 혼낼 수도 없고 이럴 때에 어떻게 해야 할지를 모르겠어요."

매우 어두운 표정으로 고민을 털어놓으셨다.

"혼낼 때는 아주 혼쭐이 나게 혼내야 한다", "다시는 안 그러게 때려서라도 야단을 쳐야 한다", "때리지는 않아도 크게 야단을 쳐서 다시는 그런 일이 발생하지 않도록 벌을 주어야 한다" 등 혼내야 한다는 것이 모임 대부분의 목소리였다. 내가 다가가 말을 걸었다.

"김 선생님, 지금 그렇게 외손자를 혼내고 오셔서 마음이 무척 불편하시다는 말씀이시죠?"

"네, 바로 그 말씀입니다. 정말 어떻게 해야 할지. 너무 당황스러워 견디기 힘듭니다. 맞다, 진짜 전문가가 여기 계시네? 전문가적인 입장으로 이럴 땐 어떻게 해야 할까요?"

"제 생각이 혹시 도움이 된다면, 내일 댁에 돌아가셔서 큰 외손자를 불러서 먼저 사과를 하셨으면 합니다. '할아버지가 너무 화내서 속상했지? 미안하구나. 할아버지가 큰 소리 내어 미안했어. 모처럼 외할아버지집에 왔는데 동생이 말을 안 들어서 너도 많이 속상했을 텐데 할아버지는 이유도 묻지 않고 야단을 쳤으니…'라고 말이죠. 그리고 '할아버지한테 한 번 얘기해볼래? 왜 그렇게 동생을 때릴 수밖에 없었는지를?' 이라고 물어보세요. 그럼 아마 나름대로 핑계거리를 말할 겁니다. 그리고 스스로 느끼며 잘못된 부분을 말하게 하세요."

"스스로 잘못한 것을 말할까요?"

"그럼요. 아마 분명히 큰 외손자도 동생에게 사과할 겁니다. 그러면 그때 칭찬과 함께 구체적으로 잘못한 점을 짚어주세요. 그리곤 격려와 배려를 해주신다면 그 아이가 자라서도 외할아버지의 '큰 가르침'을 기억할 겁니다. 그리고 데리고 계시는 동안에도 자주 살펴보시고 화가 났을 때 분노조절이 잘 안 되는지 살펴주세요. 그리고 가능하시다면 아이 엄마와 깊은 대화를 하시면 좋을 것 같아요."

후일담이 궁금해서 문자를 보냈다.

'큰 손자 마음은 잘 풀어주셨나요?'

'이후에 혼날 일을 했을 때 이유를 묻고 잘잘못을 스스로 느끼도록 했는데, 내 속에서는 열불이 났지만 효과는 좋았습니다.'

김 선생님의 답변을 들었다. 또한 '세대차이가 큽니다'라고 덧붙여

보내주셨다.

이렇게 아이를 훈육할 때 중요한 것은 '스스로 느끼도록'이 중요한 부분이다. 그리고 사랑하고 있음을 스스로 느낄 수 있도록 해주는 것이다. 그러면서 잘못된 언어나 행동은 잘라주고 정리해주어야 한다.

사실 사춘기 아이들만 격정적인 변화를 겪는 건 아니다. 부모들 역시 나이가 들면서 신체적으로나 심리적으로 큰 변화를 경험하게 된다. 사춘기 자녀들을 둔 부모들은 혹시나 아이들이 나가서 남들에게 싫은 소리를 듣지 않을까 하는 조바심으로 행여 손가락질 받거나 문제를 일으키지 않게 하려고 아이들이 원하는 것을 하게 하기보다는 하지 말라는 금지를 더 많이 하는게 일반적이다. 자녀가 성장하면 할수록 양육방법도 교육방법도 변해야 한다. 부모 세대와 요즘 우리 아이들 세대의 가치기준은 엄청난 차이가 난다. 환경이 바뀌었으니 학습목표도 바뀌어야 하지 않겠는가?

아이들에게 "부모님과 하루에 어느 정도 대화를 하느냐?"고 질문하면 "안 해요", "5분이요"라고 답한다. 반대로 부모님께 질문하면 "20분 정도", "30분", "1시간"이라 한다. 이렇게 아이와 부모와의 생각에도 차이가 크다.

아이들은 "빨리 일어나라", "빨리 씻고 밥 먹어라", "숙제해라", "공부해라", "게임 좀 그만하라"는 대화라고 생각하지 않는다는 것이 중요하다. 이러한 상황들을 아이 탓으로 돌리기 전에 부모가 먼저 "나는 어떤 엄마일까?" 생각해보면 어떨까?

아이들이 느끼는 "5분의 대화"에서라도 따뜻하고 온정적인 말과 행동을 해야 한다. 지적과 잔소리는 내 아이와 멀어지는 지름길이다. 아이는 점점 인터넷과 스마트폰 속으로 깊이 박히게 될 것이고 긍정의 세상을 인정하고 싶지 않는 아이가 되어갈 것이다.

요즘 내 아이가 무엇에 관심을 갖고 무엇에 심취해 있고 어떤 생각을 하고 있는가를 정확히 알고 있다고 단언하는 엄마는 자신 있게 손들어 보자. 단, '아이도 그렇게 생각하는가'도 말이다.

부모들이 바쁘다는 핑계로 아이들과 함께 하는 시간이 점점 적어진다고 생각되면 '양보다 질'의 방법을 사용해보자. 주말이나, 월별로 아이가 확실하게 느끼고 추억할 수 있는 시간을 함께 계획하여 가족을 느끼고 이해할 수 있도록 하자. 그러면 아이는 가정에서 '내가 사랑받고 있구나'를 알게 되고 밖에서나 학교에서도 사랑스런 아이로 성장할 것이다. 또한 아이들의 자존감도 자연스레 상승될 것이다. 그것이 여행이든, 캠핑이든, 산책이든, 외식이든 방법은 아이와 함께, 아이가 계획하게 하고 찾아보게 하는 방법도 좋을 것이다.

아이가 행복하면 엄마도 행복하다. 엄마가 행복하면 가정이 평안하다. 또 엄마가 행복하면 자녀의 자존감도 높아진다. 고로 아이의 자존감은 행복감과 정비례다. 아이의 자존감이 상승하면 정서적 안정감도 상승되어 사나워졌던 눈빛도 부드러워지면서 문제행동은 줄어들고 삶에 효능감이 높아져 학습효과도 상승하게 된다. 지금 귀하 자녀들의 아우성을 들어보자. 진정 부모에게 바라는 것이 고가의 유명 메이커 옷으로 치장해주는 너무 바쁜 부모인가, 공감해주고 이해해주고 인정해주는 다정한 부모인가.

자존감은 자신감이고 가족 모두가 행복하게 살 수 있는 행복감이다. 이런 맛있고 달콤한 감을 매일 매일 가족과 함께 먹을 수 있다면 아이들의 감성도 풍성해질 것이다.

창의 융합적 사고 환경은 우리 집에서부터

미래학자인 앨빈 토플러는 2007년 한국을 방문했을 때 "한국 학생들은 미래에 필요하지 않은 지식과 존재하지 않을 직업을 위해 매일 15시간씩이나 낭비하고 있다"고 말했다. 시대가 변해도 달라지지 않는 암기 위주와 주입식 교육은 4차 산업혁명이 원하는 인재를 양성시키기 어렵다는 얘기다.

우리나라 충청북도 진천군에 있는 초평초등학교는 전교생이 80여 명밖에 안되는 아주 작은 학교인데 아주 특별한 수업을 하고 있는 모습이 소개되었다. 학생들 모두 능숙한 프로그램을 짝서 코딩을 하면서 교육용 로봇인 햄스터를 이용해 회전시간 이동방법, 방향 바꾸기 등 로봇이 움직일 수 있는 모든 범위를 논리적으로 설계하고 있다. 이는 아이들의 논리적이고 컴퓨터적인 사고를 끊임없이 향상시킬 수 있는 미래지향적인 교육이다.

이러한 교육이 서울이나 대도시가 아닌 시골의 작은 학교에서 이루어지고 있다는 놀라운 소식이었다. 이 학교는 50여 명이 안되어 곧 폐교가 될지 모른다는 위기에서 지역사회의 힘을 모아 장학재단을 만들어 학교 살리기를 시작하였다고 한다. 그렇게 노력한 덕분에 그 학교에 졸업생은 대학은 물론 대학원과 그 이상의 교육, 유학까지 모두 지역장학재단에서 지역주민과 총동문회, 졸업 선배들의 교육사업 지원으로 이뤄지고 있어 귀추가 주목된다.

이렇듯 교육혁명과 4차 산업혁명의 변화 물결 속에 아이들의 창의융합적 사고력을 확장시킬 수 있는 환경을 만들기 위한 끊임없는 노력이 필요하겠다.

요즘은 나라 안팎이 온통 융합적인 교육을 하라고 강조한다. 그래서 교육과정 역시 시시각각 변화하고 있어 우리나라에서 세계의 흐름까지 교육의 변화와 추구하는 방향으로 나아가는 것을 알아볼 필요가 있다.

우리 아이들이 변화되는 교육환경 속에서 크게 성장할 수 있는 준비를 위해서는 우선 가정에서부터 준비하고 시작해야 할 것이다. 물론 부모들의 무한한 관심으로 아이의 다양한 사고의 변화를 위한 융합교육에 주도적으로 성장할 수 있는 아이가 될 수 있도록 부모가 함께 배우고 함께 성장해 나갈 수 있어야 함은 물론이다.

우리 원에서도 몇 년 전부터 창의력 수업을 진행하는데 실험과학과 독서 그리고 교구수학을 중점으로 진행한다. 실험과학은 먼저 가설을 설정하여 실험하고 결과를 아이들과 토의하며 설정했던 가설을 검증하며 체계적인 교육과정을 통해 생활 속의 과학을 쉽게 이해하는 것이 목적이다. 또한 독서토론은 먼저 주어진 책을 읽어보게 하여 쓰기와 발표, 토의를 통한 만들기 등의 과정을 통해 독서의 즐거움을 알아가기에 목적을 둔다. 그리고 교구수학에서는 다양한 교구를 활용하여 소마큐브나 스도쿠, 펜토미노와 퀴즈네르 등 재미있는 수업으로 진행한다.

다 하고난 교구는 개인이 소장하게 하여 귀가해서 부모나 가족끼리 함께 다시 해보기를 하고 밴드를 통해 생생한 창의력 수업을 확인하며 칭찬과 격려를 통해 소통할 수 있는 장을 열어둔다. 이 시간에는 학습 진도보다는 아이들 참여 중심의 체험활동이어서 창의적이고 융합교육의 특징인 함께 만들고, 함께 느끼며, 함께 토론하는 장이니만큼 어른들이 보기에는 매우 소란스러울 수도 있을 것이다. 하지만 소란함 속에는 나름 질서는 있다. 그리고 아이들 말 한마디 한마디가 정답이다.

서점에서도 창의인재, 융합교육, 스팀교육에 관한 책들이 쏟아져 나와 쉽게 찾아볼 수 있다. 융합적 사고력을 키워줄 수 있는 과학 기술 공학 예술 사회 분야 등등 다양한 분야의 융합사고가 가능하도록 만들어져 아이들에게 호기심과 재미를 키워줄 수 있게 다양한 형식으로 소개하고 있다. 일단 이를 통해 즐겁게 읽으면서 감성적인 체험활동으로 창의적인 문제 해결력이 길러질 수 있도록 만들어진 서적들을 추천받아 함께 읽어보도록 하자. 그리고 부모들이 바쁘지만 주말이나 공휴일을 이용해 공연장이나 미술관, 박물관 등을 관람하면서 아이들의 표현과 성장을 느껴보는 시간을 갖는 것도 매우 중요하다.

만유인력의 법칙을 발견한 뉴턴도, 스티브 잡스가 디자인한 애플사의 사과로고도 모두 우리가 아는 그 사과다. 같은 하나의 사물을 보고 다른 열 개의 무언가를 만드는 작업이 창의력이니 우리 아이들이 반드시 알아야 하고 길러주어야 할 중요한 부분이다.

보통 사람들이 그냥 스쳐 지나가는 어떠한 물체 하나에도 어떤 사람은 의미를 부여하여 작품을 만들어내는 눈을 뜨게 만들어 지식의 경계를 융합하고 자신의 눈으로 세계를 더욱 새롭게 읽어 낼 수 있는 창의성 교육이 필요하기 때문이다.

아이들과 함께 손을 잡고 미술관에서든, 공연장이든 함께 다니며 토론하고 서로의 생각이 다름과 같음이 있음을 알도록 하는 것도 중요하다. 이어령 교수는 "나는 창문을 열라는 아버지의 편도, 창문을 닫으라는 어머니의 편도 아닙니다. 나는 방충망을 창조하는 나의 편, 모두의 편입니다"고 역설하였다.

이러한 난처한 질문 속에서도 대립과 이분법의 양극단에서 벗어나 화합을 배우고 상생의 융합을 이루는 것을 탄생시킬 수 있는 새로운 제품을 창조하는 것이 창의융합적 사고이다. 이러한 소소한 창의성은 널려 있지만 우리는 그냥 지나칠 뿐이다. 무한한 잠재력과 창의성이 열려 있는 우리 아이들에게 더욱 더 많은 체험활동을 접하고 창의적인 능력을 길러줄 수 있는 기회의 시간을 자주 갖게 해주는 체험교육이 앞으로 우리 부모의 역할이라고 본다.

이번 주엔 어디를 가고 싶은지 아이의 의견을 물어보자. 그러기 위해서는 부모의 노력과 공부도 필요하다. 인터넷 검색을 하면 무한으로 배우고 가르쳐 주는 세상이니 크게 어렵지 않을 것이다. 또한, 먼저 다녀온 주위의 추천을 받아 조사하고 말하면서 우리 아이들도 찾아보게 하는 것도 방법이다. 그리고 어느 쪽에 관심을 더 갖는지 확인하면서 때론 부모가 원하는 방향이 아닐지라도 아이의 호기심을 인정해주자. 왜 가고 싶어 하는 지와 먼저 찾아본 조사 내용을 이야기 나누며 다녀온 후기를 소통할 때 도움이 될 것이다.

이렇게 끊임없이 아이의 호기심을 자극하여 동기부여와 의미부여를 통해 로드맵을 만들어 찾아가는 길에 부모가 함께 동행자가 되어준다면 우리 아이들은 더욱 더 안정적이고 긍정적인 자아성장으로 새 시대를 살아가는데 더욱 유연하게 성장할 수 있을 것이다.

이런 노력이 가정에서 시작된다면 우리 부모들의 가정은 억지로 만들어내는 불편한 가정이 아닌 자연스럽고 행복한 분위기가 될 것이다.

'네 탓'이 아닌 '내 탓' 하는
부모가 되어라

한 형제가 있었다. 형은 식구가 셋뿐이고 부자였지만, 형네 집에서는 날마다 싸우는 소리가 끊이지 않았다. 반대로 동생은 식구가 일곱이나 되고 가난했지만, 동생네 집에서는 늘 웃음소리가 떠나지 않았다. 어느 날, 형이 동생을 찾아가 물었다.

"아우야, 비결 좀 알자. 우리 가족은 전부 똑똑하고 가진 것이 많아도 항상 싸우는데, 너희 가족은 배운 것도 별로 없고 가난한데 어떻게 항상 웃을 수 있니?"

동생은 웃으며 말했다.

"형님네 집에는 똑똑한 사람만 있고, 저희 집에는 모두 바보들만 있기 때문일 거예요. 형님네 집에서는 무슨 일이 생기면 서로 상대방의 잘못을 찾아내고 전부 네 탓이라고 책임을 넘기지만, 저희 집에서는 무슨 일이 생기면 모두 내 탓이라고 용서를 구하니 싸움이 날 수가 없지요."

"바보들은 항상 남의 탓만 한다" 존G. 밀러는 저서에서 이렇게 말했다. 문제를 '해결'하기 위해 머리와 손과 가슴을 동원하여 전념하면서도, 결코 책임을 남에게 '전가' 하지 않는 것, 이것이 바로 진정한 주인의식이다. 온갖 핑계와 변명, 문제가 무엇인지 모른다는 것이 진짜 문제이고 변명은 핑계이다.

'잘 되면 내 탓, 못 되면 조상 탓'이란 속담도 있다. 어떤 일의 결과가 좋으면 자기를 내세우고, 좋지 않은 결과일 때는 자기는 잘했는데 남의 잘못으로 인해 좋지 못한 결과가 나왔다며 탓을 한다는 말이다. 모두 책임회피에서 오는 결과이다.

문제 자녀에게 반드시 문제 부모가 있다는 것은 수도 없이 들어온 바이다. 그럼에도 불구하고 부모들은 내 아이 문제가 아니고 친구를 잘못 사귀어서라고 떠넘긴다. 인정하고 싶지 않아서일 것이다.

어릴 때 내 어머니는 초등학교 시절부터 이미 50세가 넘으셨다. 오빠 넷 다음으로 태어난 막내가 나였기에 어머니의 꽃다운 모습을 볼 수 없어 늘 아쉬웠다. 가끔은 왜 막내로 낳으셨냐며 그러면서 기왕 늦게 낳을 거면 예쁘고 공부도 잘하게 머리 좋은 딸을 낳지 그러셨냐며 어머니 무릎을 베고 누워 물으면 어머니는 늘 "지금도 감사하지, 아들만 넷이어서 늘 기도 많이 했다. 딸 하나만 점지 해달라고. 그래서 널 난거야, 얼마나 감사한지 모른다"고 하시며 "아버지도 살 수만 있다면 어디 가서 딸 하나 사왔으면 좋겠다 할 정도로 딸을 원하셨는데 네가 태어났으니 참 다행이고 감사하다 하시잖니" 하셨다.

어느 땐 못생긴 것을 어머니 탓으로, 부족한 것도 어머니 탓으로 물론 농담삼아 하긴 했지만 솔직한 생각도 반 이상은 넘었다. 그런 내가 이제는 모두가 부모님 탓이 아닌 부모님 덕분으로 돌린다. 작은 일이나 큰일을 성취할 때마다 '부모님 덕분이다' 하며 감사의 기도를 드린다. 어머니는 늘 '고맙고 감사하다'는 말씀을 입에 달고 계셨다. 나에게 '건강한 육체와 건강한 정신'을 물려주신 부모님 덕분에 나는 모든 일이 잘 될 것이라고 생각하고 힘든 일이 생겨도 '부모님, 잘 되게 힘이 되어주세요' 하며 내가 긍정적인 사람이라는 소리를 많이 듣는 것도 부모님께서 끄덕끄덕 인정해주시고 사랑해주신 덕분이다. 나는 아직까지도 부모님의 긍정과 따뜻한 사랑 속에 살아간다.

고통 없이 크는 나무가 어디 있으랴. 내 아이가 올바른 방향으로 가도록 부모들도 끊임없이 공부하고 노력해야 한다. 아이가 삐뚤어지거나 거칠어지는 것은 아이의 잘못도 친구의 잘못도 아니라 아이를 양육하는 부모의 책임이라는 것을 알았으면 좋겠다. 자녀 교육이 하루아침에 뚝딱 완성되어지는 것이 아니고 수학문제처럼 정답이 나오는 것도 아니다. 지속적이고 꾸준하게 노력에 노력을 거듭하여도 부모가 보기에 아름다운 '이만하면 되었다'고 만족스런 자녀의 모습이 될까 말까다. 왜냐하면 부모의 그릇이 아이의 그릇을 뛰어넘기 때문이다. 그릇은 욕심이고 왕도란 없으니까.

그러니 늘 감사하자. 아이 덕분에 웃을 수 있고, 아이 덕분에 힘이 생기고, 아이 덕분에 살맛이 난다고 생각하자. 그런 아이가 내 아이여서 참 고맙다고 생각하자. "너 때문에 내가 못 살겠다"가 아닌 "네 덕분에 너무 행복하다"로 생각을 전환하자. 행복은 멀리 있는 것이 아니라 내 주변에 널려 있다. 멀리서 찾지 말자.

실컷 나가 놀다 꾀죄죄하게 들어오는 아이에게 따뜻하게 "많이 배고프겠구나. 맛있는 밥 차려 줄게 빨리 손 씻고오렴" 한 마디만 건네자. 부모가 행복해야 자녀도 행복하다. "오늘도 우리 식구 모두 안전하게 집으로 들어와줘서 참 고맙다"는 생각으로 감사하자. 이 모든 가족의 평화가 모두 당신 '덕분'이다. 남편 덕분이고, 아이 덕분이다.

'다움'이
필요하다

함박눈이 신나게 내리던 어느 날, 빼꼼하게 학원 문을 열며 엄마의 손을 잡고 남자 아이가 수줍게 들어왔다.

"어서 오세요. 함박눈 어린이."

볼우물이 움푹 패여 웃는다. 너무 귀엽다.

"친구들이 많이 있다고 여기에 다니고 싶어해요."

엄마의 발음이 조금 어색한걸 보아 다문화가정이다. 초등 3학년 막 올라갈 아이다.

"핫초코 한 잔 선물할까 하는데 어때요?"

좋아할 줄 알았는데 아니라고 하며 수줍어했다. 이런저런 대화를 이끌어내려 질문을 했다.

"제일 좋아하는 음식이 뭐야?"

"된장찌개요."

"우왕, 나랑 똑같다. 난 청국장도 좋아해. 면역력이 풍부해서 감기도 잘 안 걸리지. 넌 어떠니?"

"독감 주사도 안 맞았는데 한 번도 감기에 안 걸렸어요."

역시 볼우물이 움푹 팬다. 아직은 3학년이니까 질문의 의도가 약간 벗어나면 어쩌랴. 이것이 아이다움이 아닌가 싶다. 우리 어른들도 언제부터 상대의 의도를 살피며 내 생각을 이야기하게 됐을까 생각해보면 답이 나온다.

미국 44대 대통령이었던 오바마는 고별 연설에서 '자신의 인생에서 가장 영광스러운 순간은 매 순간 딸들의 아버지라는 것이었고, 이 사실은 대통령이라는 직책보다 더 중요했다. 또한 퍼스트레이디가 되길 원했던 것은 아니지만 그 역을 멋지게 잘 해낸 가장 친한 친구이자 나의 아내의 남편이라는 사실이다'라는 말을 하면서 눈물을 흘렸다. 모든 국민 앞에서 이렇게 당당하게 연설한 오바마 대통령은 대통령이기 전에 진정한 남편이고 훌륭한 아버지의 표상이 아닌가 싶다. 아마 오바마가 고별 연설에서 흘린 눈물의 의미는 민족이나 나라를 떠나 세계인들 모두에게 영원히 기억할 것이다.

우리에게 대표하는 어머니의 상은 아마도 신사임당이 아닐까 한다. 신사임당은 자식들에게 무조건 희생하고 봉사하는 조선의 대표적인 어머니가 아닌 직접 행동과 실천으로 솔선수범하는 적극적인 어머니였다. 자녀들에게 직접 학문을 가르칠 때도 모르는 것이 있으면 먼저 자신이 공부하여 이해한 다음에 지도하며 세상의 이치를 깨우쳐주었다. 부부사이에도 무조건 권위에 고개를 숙이지 않고 토론함으로써 이치에 맞는 해결책을 도출해냈으며 자식들에게는 인생의 스승이며 친구였고 남편과는 전통에 얽매이지 않고 동등한 인간으로서의 권리를 행사한 아내였다. 이런 신사임당의 강인한 성품과 교육관은 몇 백 년이 지난 지금 이 21세기 어머니상으로도 부족함이 없는 훌륭한 어머니임에 부정할 사람이 어디 있겠는가?

나는 아이들에게 '자신을 명품으로 만들어라'라는 이야기를 자주 한다. 자신의 가치를 높여야 앞으로 펼쳐질 세상에 주인공으로 살 수 있음을 강조하고 싶어서이다. 100세 시대를 훌쩍 넘을 수도 있는 아이들의 미래에서 80~90년을 누리고 살 것인지, 누림을 '당하며' 살 것인지는 너희들 스스로 판단하고 선택하라며 잠시라도 지그시 눈을 감고 꿈꿔보라고 자주 생각하기를 시킨다.

'5년 후를 꿈꾸기', '10년 후를 꿈꾸기', '15년 후를 꿈꾸기' 등등 미래에 TV에서 내가 주인공이 되어 인터뷰를 하는 모습을 떠올려보고 그

때 어떤 모습일까? 내 이름 앞에 붙여질 수식어는 어떻게 되어 있을까? 또한 5년 후에 길에서 나를 만났을 때 뛰어와 인사하는 사람이 될 것인지, 길가다 나를 보고 도망칠 것인지 등 묻는 질문도 아이답게 답할 수 있도록 유도한다.

그렇다면 가정은 어떤가. 내가 서두에서 거론된 버락 오바마 미국 대통령의 가정을 명품가정으로 굳이 선택한 이유는 그가 '미국 대통령'이어서가 아니다. 자신의 힘으로는 어쩔 수 없는 환경 때문에 청소년 시절에 자신의 정체성 혼란으로 방황하고 고민했던 오바마가 어떻게 힘겨운 열등감을 희망으로 또한 자신감으로 바꿔냈는지, 그리하여 세상의 청소년들에게 희망을 주는 멋진 리더로 성장할 수 있었을까? 또한 훌륭한 남편으로서, 멋진 아버지로서 명품가정을 만들어낼 수 있었을까?

세상에서 가장 바쁜 남자라고 하는 미국 대통령도 '칼퇴근' 하며 외국 정상 만찬 등 중요한 약속이 없는 한 가족과 저녁을 먹었다고 한다. "하루의 하이라이트는 딸들 이야기 들으며 멋진 숙녀로 커가는 걸 지켜보는 것"이라며 가족의 존귀함과 지혜로운 남편의 아이콘으로 세상의 아줌마들의 로망이 되었음은 두말 할 것도 없다. 손녀가 있는 나도 부럽고 존경스럽다. 물론 서양의 정서와 우리나라의 정서는 상당히 차이가 있다고 하더라도 앞으로 4차 산업혁명과 함께 가족혁명도 동행이 되었으면 한다.

지금 우리 가족은, 여러분의 가족은 명품가족일까? 짝퉁가족일까? 다른 사람이 바라보는 "저 집은 참 행복해 보여" "저 가족은 행복한 가정이야" 이렇게 남이 평가해주는 과대포장으로 겉만 풍성한 위선적인 짝퉁가정이 아닌지. 100%의 진짜 가정 만들기를 시작한다면 아버지는 아버지의 위치에서 열심히 살아가며 지지와 신뢰로 40%를 만들고, 어머니는 어머니의 위치에서 행복을 꾸려가며 건강한 가정이 되도록 40%를 만들고, 자녀는 자녀의 위치에서 부모님을 존경하고 감사하며 20%를 채운다면 이보다 더 좋은 스위트홈은 없을 것이다. 이것 또한 노력이다. 세상에 노력 없이 이루어지는 것은 아무것도 없다.

세상 사람들 모두가 행복하다고 해도 내가 행복하지 않으면 그것은 진정한 행복이 아니다. 아버지가 행복해야 하고 엄마가 행복을 느껴야 하고, 자녀가 행복을 맛봐야 진정한 행복이다.

"당신 덕분에", "아빠 덕분에", "엄마 덕분에", "참 감사하고 행복해요" 아버지와 어머니와 자녀가 함께 바라보고 '참 아름다움'을 인정하고 사랑할 때, 세상에서 가장 행복한 가정이고 이것이 명품가족이 아닌가 싶다.

아빠답고 엄마답고 아이답다는 것은 세계의 대통령 자리에서도 가족의 소중함을 첫째로 생각한 오바마처럼, 내조의 여왕과 훌륭한 어머니의 표상인 신사임당처럼, 그리고 그런 아버지와 어머니를 보면서 미래의 푸르른 꿈을 향해 의심없이 달려가는 모습이 아닐까. 우리 아이들이 가장 '사람다움' 속에 살아갈 수 있는 미래가 되기를 꿈꾼다.

PART.5

교육이 바뀌어야
아이가 성장한다

4차 산업혁명기에 사는 아이들의 미래는 직업을 몇 번 바꿔야 될지 모른다. 그런 사회를 살아가야 하는 아이들은 공부, 그 자체가 흥미로워야 한다. 부모는 내 아이가 스스로 책상 앞에 앉아 성공이라는 목적지에 도착하려면 어느 길로 가야하는지, 목적지가 어디인지를 가급적 정확히 찾을 수 있도록 도움을 주는 역할 정도만 해주면 된다. 그래야 살아가는 100년 앞에 여러 번 넘어져도 다시 일어나는 오뚝이가 될 것이다. 이때 가장 필요한 교육으로 첫째가 인성교육, 둘째가 독서교육, 셋째가 저축교육이다.

신 실사구시(實事求是)를 가르쳐라

요즘은 '인문학이 대세다'. 인문학이란 인간이 일생을 살아가는데 어떻게 살아야 하는 것인가를 잘 알게 하는 학문이다. 즉, 자신을 잘 다스려 삶의 질을 높이고 즐겁고 행복하게 함께 어울려 사는 생애주기학문이라고도 할 수 있다. 그래서 인간에게 가장 기본적인 교육이 인문학이고 제일 먼저 접근해야 하는 학문이라고도 할 수 있다. 그래서 그런지 요즘 방송프로그램에서나 길거리 '버스킹' 강좌도 유행이다.

얼마 전 까지만 해도 '인문학'이라면 취업 분야하고는 거리가 멀어 먹고살기 힘든 학문으로 치부하고 찬밥신세로 자연과학이나 사회과학 분야 쪽으로 비중이 집중되었다. 그런데 이제는 기업들도 인문학적 소양이 필요함을 깨닫게 되면서 애플은 물론이고 구글이나 페이스북 등 많은 IT기업들이 인문학 전공자들을 채용하고 있다고 한다. 그렇다면 과연 인문학이 재평가 되고 있는 이유는 무엇일까?

애플 최고경영자였던 스티브 잡스는 인문학과 기술의 접점을 찾아야 한다고 강조해왔다고 한다. 그가 제품을 만들 때 가장 중요시한 부분은 '인간의 관점에서 인간의 감성을 움직이는 제품'이었다고 하며 거기에는 인문학적 가치와 품격이 담겨 있었다. 그 밖의 세계적인 IT회사들도 인류학자들을 고용하여 컨설팅을 맡기고 있고 우리나라의 대기업에서도 인문학자들을 직접 초빙해 다양한 강연을 들으며 창의적인 아이디어를 찾으려고 노력하고 있다고 한다.

이제는 모든 기업들이나 세계 모든 사람들이 '혼자 잘먹고 잘 살기'가 아니라 '함께 행복하게 잘 살기'를 인정하는 것 같아서 느낌이 좋다. 세계적인 기업에서 먼저 '인류에 도움이 될 것인가?'에 포커스가 맞춰 새로운 제품을 완성하고 있다. 이미 오래 전부터 우리 나라 사람들의 정신에 깃든 인간을 널리 이롭게 하라는 단군의 '홍익인간' 정신을 이제야 쫓는다는 생각에 우쭐해본다.

조선 후기 왜란과 호란으로 혼란했던 때 청나라 사신으로 왕래했던 학자들에 의해 청의 발달된 문물을 보고 우리나라도 성리학적 틀에서 벗어나 백성들이 실생활에 유용한 학문의 필요성을 깨닫고 부국강병을 실현하고자 생겨난 학문이 '실사구시'이다. 비록 정치 주도권을 잡기에는 사회적 지위가 열악하여 널리 보편화되지는 못했지만 정치, 경제, 언어, 지리, 천문, 금석학 등 광범위한 분야에서 다양하게 시도되었다. 만약 당시 '실사구시' 학문이 성공적으로 보편화되었다면 지금 어떤 자리매김을 하고 있을까 궁금하다.

4차 산업혁명 시대에는 가면 갈수록 변화 되어가는 양상에 귀를 기울인다. 앞으로 우리 아이들이 어떠한 준비로 어떻게 공부를 하고 어떤 방향성을 가지고 대비를 해야 하는지 기로에 서있다. 네비게이션에 길들여져 있는 우리가 갑자기 도로 한가운데에서 네비게이션이 고장났다고 하자. 그 당황스러움은 경험해본 나로서는 백번 이해가 간다. 아니 오히려 고장이 아닌데도 엉뚱한 곳에 세워 놓고 "목적지에 도착했다"는 친절한 목소리에 소름이 끼쳐본 사람은 충분히 이해가 가고도 남을 것이다.

자, 교육이 중요함은 안다. 백년지대계라는 교육을 무조건 IT쪽으로 치우치게 된다면 어떤 현상이 일어날까? 요즘 아이들에게 꿈을 물어보면 게임 좋아하는 아이들은 대부분 '프로게이머'가 되고 싶다고 한다. 그렇다면 이 아이들을 PC방에 살게 하면 될까?

4차 산업혁명기에 사는 아이들의 미래는 직업을 몇 번 바꿔야 될지 모른다고 한다. 그런 사회를 살아가야 하는 우리 아이들에게 공부는 홍

미로워야 하고 재미있어야 한다. 지금처럼 지겹다거나 싫은 것이 공부라고 고정되어 버린다면 우리 아이들의 미래는 답답할 뿐이다. 엄마들이 아이들의 교육에 끊임없이 문제제기를 해야 하고, 교육관계자들의 노력이 필요하고, 가장 중요한 주인공인 아이 스스로 공부하려는 의지가 선행되어야 할 것이다.

부모는 내 아이가 스스로 책상 앞에 앉아 성공이라는 목적지에 도착하려면 적어도 어느 길로 가야하는지 목적지가 어디인지를 정확히 찾아가게 해주어야 한다고 생각한다. 그래야 살아가는 100년 앞에 여러번 넘어져도 다시 일어나는 오뚝이가 되어 우리가 눈감아도 자식 걱정 없이 다음 세상으로 행복한 여행을 떠날 수 있을 것이다.

나는 새로운 세상에서 살아갈 우리 아이들이 다음 3가지를 꼭 가지고 가야 한다고 생각한다. 첫째가 인성교육, 둘째가 독서교육, 셋째가 저축교육이다.

4차 산업혁명 시대에는 인성교육의 중요성이 점점 커질 것이다. 가정에서 부모와 자녀 온가족의 따뜻하고 건강한 정신을 자연스럽게 상기시키며 바른 인성으로 올바른 사람과 소통할 줄 아는 사람으로 성장하기를 소망한다.

4차 산업혁명 시대에는 독서교육의 필요성이 대두되고 있다. 현재까지 종이로 펴낸 책이 주종을 이루었다면 미래에는 E-book, 즉 전자

책이 대세일 것이다. 지금도 지하철이나 여행지에서 스마트폰으로 전자책으로 독서하는 모습을 보는 것은 흔한 일상이다. 독서를 하다 보면 미래를 예측할 수 있어서 좋다. 많은 사람들의 연구 결과도 알 수 있고, 성공했거나 성장하는 사람들의 생각도 직접적인 만남이 아니어도 그 사람들과 연결되어 보인다. 아이들과 함께 선택하여 함께 독서하고 함께 토론하며 내 아이가 어떤 생각을 갖고 살아가는지를 알아보는 좋은 시간이 될 것이다.

마지막, 저축교육이다. '티끌모아 태산'이라는 속담도 있듯이 지금부터 차곡차곡 저축하는 습관을 들여 아이들에게 돈의 가치, 노력의 가치를 배우게 하고 미리 저축의 필요성을 알게 해야 한다. 이는 20년 후 아이의 미래를 예측하게 하는 것이다.

이 밖에도 아이들에게 새롭게 아니면 현재까지 존재하였던 부분을 더 보완하여 닥쳐올 미래를 미리 준비해두는 학문을 연구해볼 필요가 있을 것이다. 새로운 학문을 부모들과 아이들이 함께 찾아가는 값진 시간이 될 것이다.

수평적이고 능동적인 감성 교육을 하라

우리 원에 부원장으로 재직 중인 선생님이 있다. 재직하며 결혼하고 아이도 낳아 이제 초등학교 3학년이 된 아이에 대해 우리 둘은 많은 토론을 한다. 하루는 부원장 선생님이 능동적인 감성교육이란 뭐라고 생각하느냐고 물으시더니 자신은 요즘 아이와 대화를 할 때에 먼저 아이의 기분을 물어본다고 했다.

"지금 기분이 어떠니?" 그러면 "좋아요", "힘들어요"라고 답하는 식이다. 이 아이는 2학년 초기에 자기감정표현이 서툴다는 학교 선생님의 말씀이 있었는데 이런 식의 대화 후 이제는 많이 좋아졌다고 한다.

'남자는 울면 안 돼'가 아닌 '울고 싶을 땐 울어도 된다'는 감성을 살려주는 교육을 하려고 노력중이라고 하셨다. 그래서 화가 많이 났을 때는 먼저 엄마가 풀어주려고 하고 그래도 화가 덜 풀렸으면 제2의 제안으로 아빠가 나서서 들어준다고 한다. 그래도 덜 풀리면 풀릴 때까지 기다릴 테니 풀어지면 엄마한테 오라고 한다 했다. 평소에 집에서는 애교나 응석, 짜증도 자기표현이니 웬만큼은 받아주고 너무 심해지면 자르는 식으로 하며 아이 기르기를 지극 정성으로 한다. 하루에 한 번씩 우리 둘의 대화 중에 선생님의 아들에 대한 이야기는 필수이다.

4차 산업혁명은 교육자들도 포럼 주제로 삼을 만큼 가까이 다가와 있다. 우리 아이들은 4차 산업혁명으로 바뀌는 패러다임에 대비해야 한다.

소프트웨어 혁명, 인공지능 등으로 이미 미래사회는 우리 앞에 다가와 있다. 3D 프린터로 순식간에 원하는 물건을 만들어내고, 가게 앞에서 인사하는 인공지능 로봇으로부터 자리를 안내받는 시대를 우리 아이들은 어떻게 대비해야 할까? 나는 그 핵심이 능동성과 감성, 창의력이라고 말한다. 로봇이나 인간의 두뇌보다 똑똑한 소프트웨어를 이길 수 있는 유일한 무기이기도 하다.

4차 산업혁명은 이미 시작되었고 앞으로도 전력 질주할 것이다. 이런 흐름 속에서 우리 아이들이 뒤쳐질 지 아니면 앞서 나갈 지는 아직 아무도 모른다. 우리의 태도가 그동안 수직적이고 수동적인 자세에서 살아왔다면 앞으로는 수평적이고 능동적인 자세로 변화되어야 하는 중요한 단계이다. 우리는 언제까지 똑같은 학습 목표를 외치고, 똑같은 내용을 가지고 똑같은 장소에서, 똑같은 방법으로 같은 시간에 함께 모여 학습하여야 하는가.

미국 엄마의 감성 교육은 하루에 한 번씩은 아무리 사소한 일이라도 꼭 칭찬을 해주는 것이라고 한다. 남을 도와주거나 인사를 잘했거나 아니면 큰소리로 대답을 할 때라고 엄마의 기준으로는 작은 일이겠지만 칭찬을 받은 아이의 하루는 즐거워진다. 또한 칭찬을 받은 일을 가족이 다 모인 식사시간에 한 번 더 칭찬해주기를 하면 아이는 칭찬받을 기분에 더 노력을 한다고 한다. 장점은 인정해주고 단점은 수정보완해주는 교육인 것이다. 또한 협동심을 기를 수 있는 활동을 하도록 유도를 하고 밴드부나 축구부 등 팀워크가 중요한 활동을 하게하고 그 안에서 중요한 역할을 맡도록 격려하며 엄마가 직접 솔선수범하는 모습을 보여주면서 아이의 교육을 돕는다.

일본 엄마의 감성교육은 아이들이 말을 배우기 시작할 때부터 "미안합니다", "고맙습니다"라는 말을 쓰도록 하는 것이다. 흔히 말하는 불량청소년도 담배꽁초는 쓰레기통에 꼭 버리고, 비가 오는 날도 다른 아이들에게 피해를 주기 때문에 학교 앞까지 차로 데려다 주는 부모가 없다고 한다. 일본 아이들은 이런 엄마들에게 자연스럽게 예의를 지키고,

배려하는 방법을 배우고 남의 감정도 의식하는 인성교육이 되어 실생활에서 감성지수를 높인다고 한다. 또한 초등학생만 되어도 일주일에 한 번은 욕실 청소를 도맡아 하고 자신의 실내화는 제 손으로 빤다. 내 아이들도 초등학교 시절부터 실내화나 교복은 스스로 빨도록 교육했다. 그러다 어쩌다 한 번 엄마가 깨끗하게 빨아서 다림질 해주면 '우리 엄마 최고'가 된다. 늘 빨아주다 한 번 안 빨아 주면 "왜 안 빨아 줘서 이렇게 더럽잖아요" 하고 엄마 탓을 하겠지만 말이다. 어렸을 때부터 이런 습관이 몸에 배어 있다면 성장해 스스로 진로에 대한 선택을 할 때에도 도움이 될 것이라 생각한다.

독일 엄마의 감성교육은 공부 자체가 아닌 공부할 수 있도록 동기부여하거나 기분전환을 하게 해주는 데 있다고 한다. 해마다 방학이 되면 대부분 독일 가족들은 4주간의 여행을 연례행사로 다녀온다. 여행을 하며 견문도 넓히고 아이의 관심사를 자연스럽게 조성해주는 것이다. 특히 체육활동은 신체건강이 정신건강이라는 생각에 부모와 함께 운동하는 모습을 흔히 볼 수 있다 한다. 독일의 부모역할은 아이가 무엇을 해야하는지 결정해주기가 아닌 무엇을 하든 제대로 할 수 있도록 기본적인 준비활동까지만 해준다. 그 다음은 좋아하는 분야에서 두각을 나타내도록 재촉하지 않고 '대기만성', 기다리는 일이라고 한다.

요즘은 대부분의 도시 아이들은 일괄적으로 만들어진 아파트에서 살고 있고, 도시 전체가 아스팔트로 덮여 있다. 그나마 남아 있는 흙은 오염되어 있어서 놀이터에서 모래와 함께 놀고 있는 모습은 찾아보기 힘들다. 모두들 학교에서 방과 후 활동이나 학원이 아니면 과외나 개인 교습소 등으로 저마다 소질개발을 위해 참 바쁜 하루를 보낸다. 아이들이 훗날 초중고시절에 대해 무슨 이야기로 시간을 보낼까? 참으로 궁금하다.

'풍요 속의 빈곤'이라는 말이 있다. 현재 우리가 주머니 속의 풍요와는 다르게 가슴 속의 빈곤함은 늘어가고, 배고픔을 걱정하는 것이 아닌 살빼기에 더 관심을 보이는 아이러니한 사회이다. 이런 환경 속에서 겉모습만이 아닌 마음의 깊이를 가늠하는 감성교육으로 우리 아이가 부모의 하나하나의 행동을 자연스럽게 배우고 익힐 수 있도록 아이와 상호작용을 잘 해야겠다.

이제 학교 교육도 주입식 교육보다 체험중심의 교육으로 변화되고 있다. 그동안 수직적이고 획일화된 교육에서 지쳐있던 우리 아이들에게 학습에 대한 동기부여와 호기심으로 흥미를 심어주는 능동적인 감성교육으로 바뀌는 교육과정이니만큼 새로운 교육에 민감한 반응으로 앞서 배우고 준비하는 자세가 절실할 때이다.

말대꾸하는 아이를 칭찬하라

사춘기라는 시기에 아이들 대부분은 반항적이다. 안 하던 아이도 말대꾸를 시작한다. 그런데 이 시기의 말대꾸를 좀 더 긍정적인 시선으로 바라본다면 스스로 자신을 생각하기 시작했다는 증거이고 표현이 아니겠는가.

'말대꾸'의 사전적 의미를 찾아보면 '남의 말을 그대로 받아들이지 않고 그 자리에서 바로 자기의 뜻을 나타낸다'고 설명되어 있다. 하지만 예로부터 전통적인 양반교육, 유교교육에 깊이 자리매김한 우리의 정서로 보면 긍정의 의미이든 부정의 의미이든 '말대꾸'는 건방지거나 불량스럽다는 평을 받아온 것이 사실이다.

그런데 '말대꾸하는 아이, 성공 가능성이 크다'는 연구가 나와 화제가 되고 있다. 말대꾸하는 아이는 골치 아픈 반항아가 아니고 오히려 인생의 성공 가능성을 높여주는 행동이라는 연구 결과가 나온 것이다.

이 연구는 미국 버지니아 대학의 연구 결과는 13세 청소년 150명을 대상으로 설문조사를 진행됐고 2년 뒤 다시 추적조사한 연구다. 2년 전에 부모와의 다툼에서 의견이 달라도 냉정을 유지하며 자신의 의견을 말한 아이는 실제 상황에서 또래와 다툼이 발생했을 때에도 굴하지 않는 용기가 있는 것으로 나타났다. 또한 부모와 정기적인 말다툼을 하며 자란 아동과 청소년 역시 다른 사람과 의견 대립이 발생했을 때 오히려 더 잘 대처하는 것으로 나타났다. 말대꾸하며 자란 아이가 그렇지 않은 아이 보다 효과적이고 논리적인 언쟁을 배우게 되어 대립 상황을 잘 대처하게 된다는 연구 결과라고 미국 경제매거진 'INC닷컴'이 밝혔다.

사실 말대꾸라는 부정적인 단어로 시작하긴 했지만 내가 주장하는 말대꾸라는 것은 발끈한 상태나 흥분되어 목소리가 '솔'음 이상으로 높은 '도'까지 올라간 그야말로 과잉반응으로 소리 지른다는 억센 발음으로 대드는 상태를 말하는 것은 결코 아니다. 그런 상태라면 변화도, 소통도 있을 수 없고 분노만이 남아 부정적인 결과를 초래하리라는 것은 자명한 일이니까.

의견 대립 상태에서 부모는 먼저 소리 높이지 말고 말하려는 요지를 분명하게 전달해야 한다. 그리고 아이의 반응을 기다려서 무례하거나 버릇없는 언행이 아니라면 인정해주라는 것이다. 아이들도 성인은 아니지만 어린이도 아니다. 어린이에서 청소년으로 급성장해가는 진행형이다. 성인이 되기 전의 주변인이기에 아이들의 갈팡질팡 방황할 수밖에 없음을 인정해주자는 말이다.

일단 아이의 의견을 물어 "엄마랑 생각이 다르구나. 그럼 네 생각은 어떠니? 어떻게 했으면 좋을까?" 그러다 아이가 이유를 쏟아내면 "아, 그렇구나. 너의 생각이 그랬구나. 혹시 또 다른 이유가 있을까?" 하고 잘 들어주고 인정해주어야 한다. 그리고 이런 저런 얘기를 나누며 마음의 여유를 가지고 다그치지 말고 천천히 들어주는 것이 아주 중요하다.

말대꾸를 잘 하는 아이들의 말에 귀 기울여 들어보면 흥분한 상태라서 두서가 없거나 겁이 나 있어 버벅거리는 경우가 많다. 이럴 때는 아이가 흥분을 가라앉히고 의견을 얘기할 수 있도록 도와주자. 또 볼이 부어 있거나, 눈빛, 표정이 불량스럽다는 이유만으로 지레 아이들의 말을 끝까지 듣지 않고 무시하면 아이들은 점점 입을 다물고 더 이상의 대화를 멈춘다. 그냥 '에라 그냥 한 번 혼나고 말지'하면서 버티는 것이다. 매우 안타까운 일이 아닐 수 없다. 그냥 한 발 짝 물러나서 그 아우성을 들어보면 역시나 인정해달라는 것이다.

자녀의 생각이 잘못되었다고 판단이 되어 훈계를 한 후에는 꼭 자녀에게 생각을 물어라. 하지만 먼저 아이의 이야기를 들어주는 게 효과적일 것이다. 일단 끝까지 속이 터지더라도 참고 들어주는 것이다. "응, 그렇구나. 내 생각을 잘 들어보니 그렇게 생각할 수도 있었겠다. 끝까지 안 듣고 엄마 마음대로 판단한 것 미안해. 그럼 엄마 생각도 들어볼래?"

사실 아이들의 얘기를 들어보면 아주 사소한 이야기가 대부분이다. 단지 꽁꽁 얼어붙어 응고되어 입은 불만이 가득 차 있기에 1m는 나와 있고 목소리마저 퉁명스러워 무슨 애긴지 아리송해서 잘 들리지 않을 뿐이다. 절대 "도대체 무슨말이 하고싶 은거야"하며 중간에 말을 뚝 자르지 말고 끝까지 무슨 말이든 설령 '말이야 막걸리야' 할 정도로 뒤죽박죽 이어도 참고 인내심을 가지고 다 쏟아내어 억울하지 않도록 들어주도록 노력하자.

아이들이 하고 싶은 이야기가 어른들의 세상 속의 큰 어려움이 아닌 아이들의 아우성은 그저 사소함에 그치는 경우가 대부분이니 바람직한 성장의 목소리라고 생각하고 들어주고 인정해준다면 아이들의 표정은 훨씬 더 부드러워 질것이다. 그리고 평소에 '말대꾸'로 들렸던 부정적인 단어가 '질문하기'로 들리기 시작하면서 엄마와 자녀의 거리는 점점 가까워질 것이다.

지금 당장 자녀들과의 대화를 귀 기울여보자. 반항하기 위한 억지부리기인가, 논리적인 말대꾸인가? 이와 같이 엄마와 아이들이 오순도

순 주거니 받거니 하면서 아이들의 '반항기'를 '반하기'로 만들어 주도록 하면 어떨까. AI(인공지능)와 인간과의 다름이 감성이라면 아이들에게 지금이라도 '미안하구나.'하고 표현하며 아이의 마음을 감동으로 녹여 주었으면 한다.

예전 어른들 시대의 미덕은 다소곳하고 말을 아끼며 침묵이 미덕이 었다면 이제는 자신의 생각을 논리적인 말대꾸로 당당히 표현하는 것 이 훌륭한 태도다. 아이의 말문을 열리도록 하자. 다시 말하자면 우리 아이들을 말대꾸를 잘하는 아이로 만들어보자는 얘기다. 어릴 때부터 소통하는 법을 부모가 먼저 익히고 배우며 활용한다면 우리 아이들은 어느 무리 속에서든 자신의 생각이나 의견들을 우물쭈물 망설이지 않 고 또한 압력에 굴하지 않으며 용기 있는 아이로 성장할 가능성이 높다 고 생각한다. 한 번 더 강조하지만 아이들은 말대꾸라고 생각하지 않고 자신의 생각이고 표현이라고 생각하는 것이 분명하면 부모들은 조금 낯설거나 화가 나더라도 한 걸음 두 걸음 조금 떨어져 지켜봐주자.

우리의 아이들이 자신 있고 확신에 찬 적극적인 자기 표현을 할 수 있는 장을 가정에서부터 만들어 움츠리는 아이가 아닌 당당한 아이로 성장하도록 부모가 격려와 칭찬을 아끼지 말았으면 한다. 화목한 가정 일수록 대화를 통해 서로에게 인정받고 격려하며, 배려하고 신뢰하며 존중을 주고받는다. 따뜻한 가정일수록 할 말도 많고 해줄 말도 많아서 늘 이야기꽃이 활짝 피어있다.

통섭과 융합적 지식을 키워라

통섭이라 함은 성리학과 불교에서 사용하던 용어 '큰 줄기를 잡다'는 뜻의 단어이다. '지식의 통합'이라고도 하며 자연과학과 인문학을 연결하고자 하는 통합 학문이론이다. 이러한 생각은 우주의 본질적 질서를 논리적인 성찰을 통해 이해하고자 하는 고대 그리스의 사사에 뿌리를 두고 있고 20세기 말까지 잘 알려지지 않았으나 최근 에드워드 오스본 윌슨의 저서 『통섭』을 통해 다시 알려지기 시작하였다. 우리나라에서는 윌슨의 제자인 최재천 교수가 번역하여 한국에 통섭의 개념을 알리기 시작하였다.

21세기에 들어서면서 인문학과 과학기술에 대한 지식계통엔 커다란 화두를 안게 되었다. 인문학과 자연과학의 소통에 대한 필요성이 대두된 것이다. 그렇다면 융합과 통섭이 주도하는 지식으로 대 전환의 시기에 넘쳐나는 정보와 넘쳐나는 지식 속에서 우리는 이제 무엇을 배우고 어떻게 생각해야 할 것인가를 살펴보자.

최근 들어 인문학의 중요성이 제시되면서 역사, 심리, 철학, 경제학 등 여러 관련 분야의 책들이 많은 호응을 얻고 있고, 매스컴을 통한 프로그램으로도 많이 방영이 되고 있음을 볼 수 있다. 하지만 이러한 교양프로그램을 많이 보고 책을 많이 읽는다고 해서 갑자기 지식이 쌓아지는 것은 아니다. 특히 한 분야의 전문성을 요구하는 것이 아닌 융합과 통섭의 지식을 배워야 할 것들은 너무나도 방대하고 거대하다. 다양한 분야의 지식을 링크하고 의식의 확장을 선사하여 많은 것을 아는 것보다 어떻게 활용할 것인가가 중요하다.

통섭과 융합이라는 것이 한마디로 '하나하나가 모여 진짜 하나가 되는 것'이라고 설명하면 가장 쉬울 것 이라고 생각한다. 내가 제일 싫어하는 단어가 '대충대충'이다. 무슨 일이든 꼼꼼하게 확인하고 또 확인해야 직성이 풀리는 원칙적인 면이 많아서 주변인들이 힘들어 할지도 모른다. 하지만 통섭과 융합이란 하나를 해도 제대로 할 줄 아는 사람들이 모여서 완전체를 만들어 내는 일이다. 통섭에 관해 입시 블로그에 이런 글이 있어 인용해보았다.

'통섭'하면 떠오르는 인물은 바로 스티브 잡스이며 그가 만든 아이폰은 통섭을 대표하는 사물로 인식된다. 전문화 시대에 전자제품은 오래가고 튼튼한 성능이 가장 중시되었다(순간의 선택이 10년을 좌우합니다. 엘지전자(당시 금성) 흑백 텔레비전 시장을 장악하는 가장 큰 힘이 되었다). 하지만, 다원화 시대 소비자는 단순히 성능이 좋은 것만을 원하지 않았다. 이를 간파한 잡스는 아이폰에 예술적 디자인을 접목하고, 인간에 대한 이해를 바탕한 탁월한 마케팅 전략으로 시장을 장악하였고 생물학을 중심으로 시작된 학문적 통섭을 경제를 통해 대중에게 다가서게 만들었다.

레오나르도 다빈치, 정약용의 공통점은 무엇일까? 바로 통섭인재이다. 잘 알려져 있듯 다빈치는 미술뿐만 아니라, 기하학, 해부학 등 다방면에 능통한 르네상스 시대 대표적 통섭인재였다. 우리의 경우에도 실학자로 유명한 정약용은 인문학자였지만 배다리와 거중기를 설계한 과학자이기도 하였다. 봉건사회에서는 신분적 제약으로 지식이 특정 계층에 제한되어 있었고 산업에 기반한 전문화 사회 역시 개인의 역할이 직업에 제한된 측면이 강해 지식도 계층처럼 철저히 분리의 길을 걸었다. 하지만 인간 사고에 기반한 지식은 그 본질이 통섭이다. 왜냐하면 어떤 분야의 지식이든 사실적 사고, 분석적 사고, 창의적 사고의 3단계와 귀납, 연역, 유추, 역발상의 4가지 방법론을 통해 입증되거나 소통되기 때문이다.

'통섭이란 용어는 낯설 수 있지만, 실상 인간은 언어와 사고를 통해 모든 지식을 융합하는 존재이다'('개념을 변화시키는 활동 2018 수능 융합 지문 대비법', 2017. 2. 24, http://blog.naver.com/hankino2 블로그 참조).

앞서 언급한 금성전자 시대에 만들어진 에어컨이 우리 원에도 한 대 있다. 20여 년을 훌쩍 넘긴 에어컨이지만 '순간의 선택'이 10년이 아 닌 20년도 넘어 아직도 쌩쌩하게 여름을 시원하게 해주니 제품의 우수성과 광고의 천재적인 효과, 그리고 나의 순간 선택의 탁월함이 함께 어우러진 통섭과 융합이 아닌가싶다.

2015년 개정교육과정의 핵심은 문과와 이과의 통합이다. 예전의 교육 방법이었던 문과와 이과의 구분이 없어지고 인문, 사회, 과학기술에 대한 기본 소양을 토대로 미래사회가 요구하는 '창의융합형 인재'가 목표가 되었다. 앞으로 우리 아이들이 국어를 잘하려면 정치나 경제는 물론이고 사회문화와 과학기술 전체를 아우르는 교육을 해야 한다. 독서의 분야도 다양성 있게 한 개의 주제에 대해 모든 분야를 함께 이야기할 수 있는 지식을 갖추어야 한다. 그러기 위해서는 한쪽으로 치우치는 지식이 아닌 통섭의 원리인 바로 더 크게 보는 유연한 사고를 위한 독서습관을 길러 진행해야 한다. 교육환경도 빠르게 변화되는 시기에 우리 아이들의 바른 독서습관을 함양시켜주는 것이 우선일 것이다.

한방향이 아닌 다양한 독서가 가능하도록 그냥 책을 읽는 것에 그치지 않고 기록장을 작성하거나 독서일기를 통해 스스로 아이들이 느낀점이나 의견 등을 표현하고 정리하고 토론할 수 있는 통합적인 교육이 필요하겠다. 처음엔 '익숙하지 않아서', '안 해봐서' 어색하다면 가장 쉽고 편리한 방법은 '육하원칙' 기법이다. 누가, 언제, 어디서, 무엇을, 왜, 어떻게 하였는가에 따라 작성하다 보면 이것이 기본이 되고 바탕이 되어 다양한 사고능력이 키워지면 그때부터는 살을 붙이고 피가 형성되어 생명을 불어넣어 탄생의 기쁨을 맛보게 될 것이다.

특히 통섭과 융합지식의 어울림, 즉 통합적 독서능력이 향상이 되면 어떠한 지문이 많은 언어문제가 나오더라도 제대로 이해하고 논리적인 서술형답안 작성을 위해서도 훨씬 도움이 될 것이다. 이렇게 다양한 독서습관과 통합적 사고능력이 키워지면 추론과 융합적 사고로 문제 해결 능력을 키우는 데에 포커스를 맞추면 좋을 것이다.

미래사회는 정년이 없어질 것이라는 얘기가 자주 들린다. 앞으로 우리 아이들이 살아야 할 시대에는 일생동안 한 가지 직업으로는 70~80여 년을 살아내기가 힘든 시대가 올 것이라고 예상을 한다. 그렇다면 한 우물을 파되 제대로 자기 것 하나는 확실하게 가지고 가면서 다른 전문분야에서도 충분한 소양을 갖춰 다른 분야의 전문가들과 공동연구가 가능한 통섭형 인재가 되어야 하는 것이다.

세상이 통섭의 인재를 원하고 그 세상에서 우리 아이들이 주인공이 되어야 하는 이때 아이들에게 통섭과 융합을 이루어 내게 하려면 그에 맞는 지식과 지혜가 절실하게 필요하다. 그것이 인문학이면 인문학대로, 자연과학이면 자연과학대로의 융합이 이루어져야 할 것이다.

우리 음식이 전통적인 입맛과 현대의 입맛이 어우러져 퓨전요리가 탄생했듯이 통섭의 인재도 이것과 별반 다르지 않을 것이다. 오늘 저녁 식탁 위에 통섭 요리세트인 두부스테이크 코스요리를 만들어 보면 어떨까?

교과서를
버려라

2017년 초 트위터에 어느 초등학교 교장선생님의 글이 올라왔다. 대략 내용은 겨울방학식 날 아이들에게 인공지능(AI)로봇이 사람과 대화하는 장면을 보여주었다. 지금의 아이들이 15~20년 뒤 사회에 진출 후 삶의 모습을 그려보고 아름다움과 사랑, 연대감을 느끼는 것은 인간만이 할 수 있는 유일함이기에 방학 동안 독서를 하도록 독려하고자 하였다. 영상은 인공지능 로봇에게 "인류를 파괴하고 싶냐"는 마지막 질문에 "그렇다"고 대답하는 것으로 끝이 났다. 영상을 다 보여준 후 아이들에게 소감을 물으니 "로봇과 싸워서 이길 것이다", "로봇이 인간을 파괴한다면 끝까지 싸운다", 대부분 아이들의 소감은 비슷했다고 한다.

이 교장선생님의 의도는 '독서를 많이 해서 로봇이 할 수 없는 인간다운 삶을 살기 위한 노력의 말을 기대하셨다'는데 물거품이 되어 아쉬우셨다고 한다. 또한 로봇을 게임의 대상으로 본 것은 아닐까? 고민도 되셨다고 한다. 그도 그럴 것이다. 이미 아이들은 게임을 통해 파괴라는 단어는 너무 익숙해져 있고 파괴해야 원하는 점수를 딸 수 있고 이길 수 있게 되기 때문이다.

이른 아침 대부분의 가정에서는 엄마들의 아침식사 준비, 아빠들의 출근 준비, 자녀 학교 등교 준비로 전쟁을 치르고 나면 집안은 폭풍이 지나간 자리가 된다. 이때 거실에서는 로봇 청소기가 음악소리와 함께 청소를 시작한다. 이때 엄마는 커피 한 잔을 마시며 독서를 하거나 잠시 휴식을 취한다고 생각해보자.

AI 시대는 깊숙이 우리 삶에 자리매김하고 있다. IoT(사물인터넷)작동으로 집안의 전자제품이나 보안장치까지 다 스마트폰으로 가능한 융합시대에 살고 있는 우리 아이들도 체감하고 있는 이 시기에 전자교과서가 보급된다 하니 반가운 소식이다.

기존의 서책형 교과서에서와는 다르게 재미있는 학습을 유도해 나갈 수 있는 장점과 디지털미디어의 기능으로 하이퍼링크, 멀티미디어의 다양한 기능으로 학습에 흥미를 잃었던 아이들도 더 좋은 집중력으로 효율적이고 다양한 학습을 하게 될 것이다. 하지만 담당하는 교사들의 교육 문제에도 시간과 노력이 필요할 것이다. 그야말로 스마트 시대를 거침없이 살아온 젊은 교사들은 적응이 아이들처럼 빠르겠지만 이미 주입식 교육으로 복잡한 기기와 함께 적응하려는 원로 교사들의 어려움도 클 것이다.

호주 초등학교는 교과서가 없다고 한다. 그 이유는 선생님 자체가 교과서이니 자율에 맡기는 교육이기 때문이란다. 그래서 어떤 선생님을 만나느냐가 엄청 중요하다고 한다. 호주의 선생님들이 교육 프로그램을 짜고 실생활에 필요한 것, 정치, 경제, 문화, 사회, 스포츠 등 많은 주제를 가지고 창의적인 수업을 하며 학생들에게 많은 참여를 유도하며 일방적인 강의가 아닌 토론식 교육이다. 아이들은 거리낌 없이 질문하고 선생님은 성의껏 답변해준다. 그러니 선생님의 교육철학이 참으로 중요하겠다.

요즘 우리나라도 '교과서가 과연 필요한 것일까?'라는 명제가 소소하게 제기되고 있다. 인터넷에서 어느 선생님이 올려놓은 사례를 읽었는데, 처음에는 교과서 없이 활동만으로 수업한다 하니 '아이들의 성적 문제', '진도는 뺄 수 있는가' 등 여러 문제가 우려되었다고 한다. 그래서 걱정에 선생님은 먼저 조심스레 실행해보았고 결과는 기우였으며 성적도 향상되었다. 이 선생님 외에 다른 선생님의 사례에서도 기존의 관습에 젖은 수업에서 벗어나 변화를 주었더니 아이들도 변하였고 가르치는 선생님도 즐거워졌다는 내용의 글이었다.

그래서 가능하다면 아이들과 활동으로 할 수 있는 수업을 많이 하고자 한다고 하였다. 열정적인 선생님의 글을 보며 이런 사명감으로 아이들을 지도하시는 선생님들이 많이 계시기를 진심으로 바란다.

하지만 우리의 현실을 직시해 볼 때, 교과서는 기준이고 원칙이다. 초등학교의 과정, 중학교나 고등학교 역시 과정에서 필요한 교과서는 필요하다고 본다. 그것이 서책형 이든 전자교과서든 간에 기준은 존재해야 한다. 그렇다면 무엇이 문제일까? 답은 독서에 있다고 본다.

스토리텔링의 중요성이 상당히 오래전부터 대두되었듯이 학교 교육을 교과서 위주로 공부하면 성적은 충분히 따라갈 수 있으니 모두 교과서에 충실하라고 강조 한다. 하지만 우리의 현실에서는 교과서 위주의 교육만은 결코 옳다고 할 수 없다. 현재처럼 주입식으로 달달 외워서 대학에 들어가는 시대는 이미 구태의연한 교육이다. 그러한 교육이 지속된다면 급변하는 융합시대에서 요구하는 인재상은 더욱 멀어질 것이다. 그렇다면 무엇이 문제일까? 그 대안은 없을까?

나의 의견은 학교교육에서나 가정교육에서도 독서능력을 키워주고 창의적으로 생각하기와 함께 토론식 교육이 절대적으로 필요하다고 본다. 오죽하면 '교과서는 천연 수면제'가 되어 학교 수업시간에 대부분의 아이들이 엎드려 자기 바쁘다. 그런 모습을 보면서 혹자들은 사교육으로 밤늦게까지 공부하느라 지쳐서 학교에 와서는 졸릴 수밖에 없으니 사교육을 없애자는 말까지 나오는데 좀 더 성숙한 차원으로 생각하기를 해본다면 좋을 듯하다.

기왕에 교과서를 개편하거나 전자교과서로 만들 때는 현재의 우리 교과서처럼 딱딱하고 이해하기 어려운 단순 지식 전달에만 목적을 둔 교재가 아닌, 정서적 공감을 이끌어내며 재미있고 흥미를 유발시키는 스토리텔링 형식으로 만들어졌음 좋겠다. 그렇다면 아이들도 훨씬 이해하기가 쉽고 선생님도 설명하기 쉬워 효과적으로 커뮤니케이션할 수 있을 것이다. 왜냐하면 아이들과 강의를 진행하다보면 지문이 길거나 어려운 어휘 때문에 난감할 때가 많다.

"학교에서 배우는 역사는 재미없고 따분해 하기 싫다"며 짜증을 낸다. 또 "우리의 역사가 왜 반 만 년의 역사나 되느냐, 왕들은 왜 그렇게 많아서 외우기 힘들게 하느냐"며 어이없는 항의 아닌 항의를 한다. 이런 단면적인 사례만 봐도 지금의 방식보다는 더 나은 방법이 필요해 보인다.

이에 대한 대안으로 내가 즐겨 보는 TV 프로그램을 제안한다. tvN 「어쩌다 어른」이란 프로그램인데 정말 재미있게 본다. 역사와 인문학, 사회학 등 다소 어려운 주제를 생생한 이야기로 설득력 있게 전달하는 스토리텔링의 기법으로 강의하는 프로그램이다. 이를 학교 교육에도 적용하면 아이들도 점점 잠에서 깨어 또랑또랑한 눈빛이 되지 않을까?

이미 더 좋은 방향으로 접근하여 아이들과 스토리텔링을 하고 있는 어머니도 있겠지만 혹시 주저하고 있다면 시도해보면 어떨까 한다. 책 읽기는 여러 번 강조해도 좋을 만큼 중요하다.

미국의 정치가이자 외교관이었던 벤저민 프랭클린은 '독서는 정신적으로 충실한 사람을 만든다. 사색은 사려 깊은 사람을 만든다. 그리고 논술은 확실한 사람을 만든다'도 하며 독서의 중요성을 강조했듯이 우리 부모들도 함께 책 읽기를 다시 시작해 보기를 하였으면 한다.

체크리스트를 만들어 거실에 붙여두고 다 읽었을 때 칭찬과 격려의 보상을 주어 '일거양득' 책도 읽어 다양한 지식과 정보로 상상력과 창의력이 향상됨은 물론이고 마음을 풍성하게 하고 보상을 받으니 기쁨은 두 배가 될 것이다. 그런 환경에서 자라는 아이들은 이제 '우물 안 개구리'가 아닌 더 넓은 세상으로 도약하며 성장하는 자녀들이 되기를 염원한다.

사람이 사는 사회, 함께 사는 삶을 가르쳐라

덴마크가 행복지수 세계 1위라는 것은 알 만한 사람은 알고 있을 것이다. 물론 복지국가라는 장점에서 오는 교육의 질이 플러스되었을 테지만, 덴마크 사람들을 행복하게 해주는 진짜 이유는 '휘게(hygge)'임을 알게 되었다고 『휘게 라이프』의 저자 마이크 비킹은 말한다.

덴마크의 자연적인 환경은 완벽함과는 동떨어진 나라다. 그런 척박한 환경조건에서도 현명하고 지혜로운 방식으로 살아가는 방식마다 휘게를 떠올리게 한다. 햇살이 가득히 들어오는 따뜻한 집안, 그들이 좋아하는 음악들을 들으며 책을 읽는 하루, 조용한 산책길을 걷는 일상들, 따뜻한 차 한 잔을 마시며 나누는 정겨운 대화들, 여행길에서 함께 나누는 추억담들, 자녀와 함께 즐기는 보드게임과 대화, 서로 좋아하는 사람들과 함께 보는 영화 한 편 모든 것이 휘게가 된다고 한다.

사실 행복은 다른 곳이나 먼 곳에 있지 않다. 바로 내 곁에 있고 내 주변이 행복인 것이다. 우리 아이들과 마주 서서, 함께 서로 두 손을 마주잡고, 아이의 두 눈을 마주보고 함께 웃어가며 서로 토닥토닥 격려해주고 "잘 했다" 칭찬을 해주고, 설령 시험점수가 조금 부족하더라도 "괜찮아, 최선을 다한 모습을 보니 다음에는 틀림없이 좋아질거야" 하며 용기와 힘이 되어주는 수용의 자세로 살아간다면 우리도 아이들도 덴마크의 사람들처럼 휘게스런 삶을 살게 될 것이다.

모두가 함께 어우러져 사는 이 세상에서 우리 아이들과 함께 참여하고 체험하며 또 다른 누군가에게 어깨를 내어주어 필요한 존재가 되고 아껴주는 삶이 되어 의미 있게 살아갈 때, 스스로에게는 가치 있는 삶이 되고 세상은 더욱 빛나고 아름다운 참다운 삶이 아니겠는가. 이렇게 모든 것은 마음먹기에 달려있다는 것을 먼저 알고 실천하는 삶이 덴마크의 휘게 정신이다.

옛말에 '가는 말이 고와야 오늘 말이 곱다'라는 속담이 있다. 즉 내가 존중 받으려면 상대방을 먼저 존중해주자는 말이다. 사람이 산다는 것은 사람과 사람과의 관계형성이 중요하다 하겠다. '주거니 받거니', '기브 앤드 테이크'가 다 같은 뜻이겠다. 누구나 일방통행적인 관계는 지속되기 쉽지 않다는 것을 알고 있을 것이다. 아주 가까운 친구관계든지 부모자식 관계가 아닌 이상은 일시적으로는 가능할지언정 지속되기는 힘들다. 요즘 아이들의 언어만을 살펴봐도 위의 말이 무색할 정도로 심한 막말과 비속어가 난무하고 상대방을 조롱하거나 욕설이 난무하는 안타까운 모습을 경험한다. 이런 행동 끝에 남는 것은 결국 불통과 대화 단절이다. 그리고 상처투성이의 말과 행동은 오랫동안 가슴에 남는 앙금이 되어 불편한 관계가 발생한다.

'베푼 대로 돌아온다'는 선조들의 좋은 말씀들을 떠올리며 그냥 편하게 내가 말을 할 때 내가 듣고 싶은 말을 쓰면 상대방도 듣기 좋은 말을 해줄 것이라는 믿음으로 말을 하면 좋을 것이다. 인간대접을 받고 싶다면 상대방을 인간 대접해주면 된다는 말이다.

아이들과도 대화를 하다보면 분위기와 상관없이 거친 말이 예사이다. 그래서 내가 듣기 좋은 말과 듣기 싫은 말을 적어보기 했는데 결과를 보고 함께 폭소를 터뜨리며 웃었다. 결론은 내가 듣기 싫은 소리를 내가 하고 있었다는 사실을 아이들이 이해하고는 스스로 인정하고 조심해야겠다는 생각은 하였지만 잘 되기는 쉽지 않을 것이다. 하지만 '그렇구나' 라는 긍정의 끄덕임을 보았으니 조금씩 덜 하게 되지 않을까? 그것이면 되었다. 그것 또한 감사하다.

'신이 우리에게 시련과 고난을 주는 이유는 우리가 그것을 견딜만

한 강함을 가지고 있기 때문이다'는 말도 있다. 그런 역경과 고난의 언덕을 견디며 넘어가면 '아픈만큼 성숙한다'는 말처럼 성장하는 삶이 될 것이다. 이와 같이 사람들이 모여서 사는 세상에 모두가 '내 것'이 아닌 '우리 것'이 되는 세상으로 만들어 '사람들이 사는 사회에' 살면 살수록 살맛나는 세상을 만들어 우리 아이들과 함께 살아가는 미래에는 행복지수 1위가 되는 그 날을 기대해보자.

PART.6

사춘기에 반드시 찾아야 할 4가지

누구에게나 지나가는 사춘기이지만 어떻게 사춘기를 보냈느냐에 따라 아이의 삶이 바뀐다. 사춘기의 아이는 부모의 손을 떠나 스스로 가치관과 자존감을 정립하고 관계를 형성한다. 동시에 막대한 분량의 학업량을 해치우기도 해야 한다. 호르몬 때문이 아니라도 예민해질 대로 예민해질 수밖에 없다. 그럼에도 아이는 바르게 제대로 하나하나 자신을 완성해나가야만 한다. 이때 부모가 아이를 위해 도와줄 수 있는 최선은 조금 더 쉽게 자신이 원하는 바를 찾을 수 있도록, 깨달을 수 있도록 함께 고민하는 것이다.

그릿(GRIT)

파브르는 곤충에 미쳐 있었다.

포드는 자동차에 미쳐 있었다.

에디슨은 전기에 미쳐 있었다.

지금 당신은 무엇에 미쳐 있는가를 점검해보라.

왜냐하면 당신이 미쳐있는 그것은 반드시 실현되기 때문이다.

- 폴 마이어

자, 자신에게 질문을 던져 보자.

"당신에게 열정과 끈기 같은 그릿이 있는가?"

"당신에게 끝장 보기 같은 그릿이 있는가?"

"당신에게 성공할 수밖에 없는 그릿이 있는가?"

펜실베니아 대학 심리학과 더크워스 교수는 어떤 영역에서든 뛰어난 성취를 이루는 가장 큰 요인은 성격이나 지능, 외모나 경제적 수준이 아닌 '그릿(grit)' 이었다고 하였다.

김주환 연세대 교수는 그릿이란 개념을 국내에 처음으로 소개했다. 그는 그릿을 하고자 하는 일에 흥미를 느끼고 잘해낼 거라는 믿음인 '자기동기력', 실패를 겪어도 끝까지 완수해내는 힘을 뜻하는 '자기조절력', 타인과 좋은 관계를 맺고 원활히 소통하는 '대인관계력' 등 세 가지 역량으로 나누었다. 결국 '그릿' 역시 인성과 나란히 간다. 그래서 학자들은 그릿을 '성취인성역량'이라고도 부른다.

「중앙일보」에서 '유웨이중앙교육 그릿연구소'와 함께 그릿과 학업성취도의 연관성을 실험했는데 전국 단위(일반고, 특목고, 국제고, 자사고) 재학생 636명의 상대로 그릿테스트를 실시하여 학교별 평균, 내신 성적 등과 비교했다. 그 결과 대인관계력이 인성과 가장 밀접한 관련을 갖고 있고 성적이 우수한 학교 학생들의 점수 역시 현저히 높다는 사실과 학업성취도가 인성에 중요한 역할을 하고 있음을 의미한다고 분석했다.

그리고 자기동기력도 학업성취도와 관련이 높게 나타났으며, 성적이 우수한 학교의 학생들과도 자신감과 스스로 동기부여하는 능력에 따라 학업성취도가 다르고 능동적이고 목적이 분명한 학생이 학업성취도가 높다는 연구 분석이다.

이렇게 그릿은 개개인의 '회복탄력성'을 보여주는 중요한 지표이기도 하다. 회복탄력성이 바닥까지 떨어져도 반동할 수 있는 능력을 말하는데 일반적으로 성적이 낮은 아이일수록 스트레스 관리와 역경 극복에 취약함을 추정할 수 있었던 실험이었다.

서울대 심리학과 곽금주 교수는 이 결과를 두고 "학교성적 뿐 아니라 인생의 전반적인 성취를 높이려면 당장의 단기적 주입식 교육 대신 장기적인 교육으로 인성을 함양할 있는 교육이 중요하다"고 강조했다.

그릿을 어렵게 생각하지 말자. 아주 쉽게 설명하자면 대부분 사람이 사용하는 표현인 '그릇이 작다, 크다'를 의미한다. 나는 이것이 '그릿'의 잣대라고 생각하고 설명하고 싶다. 친구에게 전화를 했다.

"친구야, 뜬금없는 질문 하나 하자, '이정숙' 하면 떠오르는 단어는?"

"내 친구, 참 의지가 강하고 노력하는 열정적인 여자"

'내 친구'라는 한 마디로 표현했지만 그 속에 들어있는 수만 가지의 마음이 내게 전해왔다. 그것이면 된다. 아주 만족스런 답이었다. 나는 빨간색을 좋아한다. 열정의 대표선수 정열의 아이콘인 빨간색을 아주 좋아해서 내 책상도 새빨간 색이다. 아이들에게 늘 말한다.

“놀 땐 옆도 보지 말고 신나게 놀고, 공부할 때도 역시 옆도 보지 말고 열심히 공부하라.”

엄마 눈치보느라 놀지도 못하고 의자에만 앉아 넘어가지 않는 책만 보고 있지 말고, 놀고 싶을 땐 과감히 스트레스 날리며 놀고, 대신 공부할 때도 열심히 최선을 다하는 모습으로 부모님께 인정받으라고 말한다.

나는 혜은이의 ‘열정’이라는 노래를 즐겨 부른다. 흥이 나는 음악이라서 이기도 하지만 나 역시 흥이 많은 사람이다. 가사 대로 ‘사랑하고 싶어서, 사랑받고 싶어서’ 이것이 열정인 것이다. 나 역시 그렇다. 놀 땐 정말 신명나게 논다(체질상의 알코올은 한 모금도 못 마신다). 일할 때도 미친 듯이 일한다. 미침이 열정이고 열정이 ‘그릿’이다.

아마 아버지의 유전인자가 얼굴 뿐 만아니라 아버지의 장점을 내 안에 많이 담아주셨나 보다. 오빠들만 줄줄이 넷을 낳고 보니 딸을 어디가서 사오고 싶을 정도로 원하셔서 내가 태어나던 날 무릎 위까지 함박눈이 내렸는데 덩실덩실 춤을 추시면서 잔치까지 하셨다니 얼마나 감사한지 모른다. 그런 넘치는 사랑 속에 성장했고 지금도 모든 사람들에게 사랑받고 있다. 참으로 고맙고 감사하다.

난 목표가 생기면 눈에 불이 들어온다. 마치 육식동물이 먹잇감을 향해 달려드는 찰나처럼 힘이 솟는다. 밤을 새우는 일은 일도 아니다. 내가 좋아서 결정하고 행하는 일이니 피곤이 다 뭐란 말인가. 그리고 꼼꼼하게 체크리스트를 만들어 실행하는 습관이 있다. 아마 아이들 시험대비할 때 자주 써먹었기 때문이기도 하다.

만족은 동그라미, 중간은 세모, 아닌 것은 엑스로 그리곤 비교 분석에 들어간다. 성적이면 성적, 독서면 독서, 운동이면 운동으로, 결과물을 만들고자 노력한다. 지난해엔 겁도 없이 목표를 5개나 세워 혼쭐났다. 남들이 들으면 "그까짓 게 무슨 목표야" 하겠지만 난 역시 2% 부족한 인간이기에 힘겨웠다. 나의 목표 리스트는 다음과 같았다.

첫째, 귀 뚫기(살면서 한 번도 귀를 뚫어보겠다는 생각을 해본 적이 없는데 우연히 드라마에 나오는 배우 전인화 씨의 귀걸이를 보고 용기를 내었다)

둘째, 살 빼기(당시 58kg이었던 몸무게를 처녀시절의 몸무게로 돌려보고 싶은 마음에서 48kg까지 뺏다가 주변에서 너무 말라 병자같다는 말을 듣고 현재 51kg를 유지 중이다)

셋째, 학회지 논문 3편 쓰기(이것이 제일 힘이 들었다. 그래서 올해는 안 쓰겠다고 스스로에게 약속했다)

넷째, 대학 강단에서 강의하기(박사 학위만 받아도 여한이 없다 생각했는데 감사하게 그런 기회가 내게 왔었다. 정말 감사하고 또 감사하는 삶이다)

다섯째, 독서 20권 이상 읽기(평소에 책읽기를 게을리 하지 않았었는데 20권 읽기를 정하니 부담스러웠지만 목표했던 것보다 두 배가 넘게 달성했으니 이것 역시 감사하다)

난 사소한 것에 목숨을 거는 편이다. 그리고 집중한다. 작은 일이라도 메모하고, 준비하며, 체크하면서 '생각은 깊게, 행동은 빠르게' 하려고 한다.

그리고 살면서 가장 중요하게 여기는 '그릿' 하나 더, 약속과 같은 사람과의 '관계 형성'이다. 사람과의 관계가 제일 귀하다고 생각한다. '사람 위에 사람 없고, 사람 밑에 사람 없다'는 말도 있지 않는가.

● **미래형 인재 키우기** ●

내 아이 '그릿' 키우기

1. 구체적으로 원하는 바를 찾자.
2. 원하는 바를 이루기 위해 해야 하는 일을 체크리스트로 만들어 책상 앞에 붙이자. 이것이 목표가 된다.
3. 날마다 동그라미, 세모, 엑스 표 등으로 체크리스트에 스스로 진행 상황을 표시하게 하자.
4. 부모 역시 매일 관심을 가지고 끊임없이 격려와 칭찬을 해주자. 어제보다 오늘, 오늘보다 내일은 더 잘하도록 동기부여 해주는 엄마의 관심은 아이의 희망이 될 것이다.
5. 아이가 좌절할 때 질타 보다는 응원과 사랑으로 아이를 감싸주자. '엄마'라는 커다란 '그릿'이 존재함을 깨닫는 순간 아이는 스스로 일어설 수 있다.

인성

어릴 적 우리 형제는 동네 어른들을 만날 때면 "안녕하세요?" 하고, 하루에 몇 번을 만나더라도 당연한 듯이 인사하였다. 그것도 제자리에 서서 공손히 말이다. 생일이든 명절이든 애경사가 있고 나서도 많든 적든 음식이며 떡 등을 조금씩이라도 나눠 먹게 하고자 하는 어머니의 심부름도 당연히 여기며 자랐다. 누가 가르쳐서가 아니라 부모님의 솔선수범하시는 모습을 보고 자랐기에 어른들을 만나면 인사와 이웃과의 심부름은 기쁨이었다. 여기까지가 농업사회였기에 가능한 가정교육이었고 자연스런 인성교육이었다.

산업화가 시작되어 물질만능주의가 되어버린 요즘은 이웃 정을 나누며 이사 떡도 나눠 먹기 어렵다. 참 좋은 미풍양속이었다고 생각하는데 핵가족화된 현실에선 내 것, 내 아이만 중요시 되고 있다. 그러다 보니 아이들도 개인주의적이고 이기주의적 성향으로 자라고 있어 성장 후의 문제점으로 걱정이 된다. 갈수록 사회는 핵가족화되어 부모들의 맞벌이로 가정에 남겨진 아이들 행동의 옳고 그름을 배우지 못하여 인지능력이 없는 아이들의 문제행동을 아이들의 책임으로 미루기엔 너무도 가혹한 방임이라고 생각한다.

오죽하면 세계 최초로 인성을 교육법으로 정해져 '인성'을 가르쳐야 하는 지금 사회의 모습을 보면 지금이라도 미래의 주역들에게 인성교육을 제도권 아래 두어서라도 지도하게 되어 천만다행이라 생각한다. 그렇다면 인성이 무엇이고 왜 인성교육이 필요할까를 살펴보도록 하자.

예로부터 동방예의지국이라 불릴만큼 우리나라의 강점이었던 인성이 하루가 다르게 변모되어 갈팡질팡하고 있는 모습을 본다. 인터넷이나 방송을 보면 하루가 멀다 하고 아동학대의 기사가 나오고 갈수록 잔혹해지고 인간이기를 포기하는 행동을 하는 부모들 때문에 어린아이들 보기에도 안타깝고 부끄럽다. 아동학대가 부모에 의해 일어나고 있는 비율이 82%를 넘고 학대행위자의 33%는 양육태도나 방법 부족으로 발생한다고 하는 우리나라의 실태이고 현실이다.

과거 농업사회에서 산업사회와 함께 자본주의가 급속히 발전하면서 글로벌 시대로, 이제는 4차 산업혁명 시대로 진입하고 있는 현재에 우리 자녀들은 여전히 무한 경쟁 체제 변화 속에서 부모와 교사들 모두 인성교육보다는 성적과 스펙만이 강조해왔다. 사회적으로나 경제적으로나 부를 우선함으로 인한 청소년의 인성교육의 부재와 이로 인한 문제행동들의 악영향으로 학교폭력, 왕따 등과 같은 범죄가 진짜 범죄인지도 모르고 빈번해지고 있다. 이에 따라 현실 부적응으로 비관 자살하는 아이들도 늘고 있다는 보도들을 자주 접하면서 이러한 현실을 통해 이제부터라도 계획을 세워 바른 교육인 인성교육의 중요성은 점점 대두되고 있다.

인성교육은 이론교육이 아닌 현장교육에서 자연스럽게 몸에 배어야 하고 하루 아침에 길러지는 것이 아닌 만큼 부모의 양육태도 정도에 따라 인성교육의 효과는 좌우된다. 가정은 자녀의 최초의 학교이고 교육의 장이다. 그러기에 어머니는 자녀의 첫 번째 선생님이자 어머니의 무릎은 자녀의 첫 번째 교실이었음을 기억하자.

하버드 대학에서 진행된 연구 결과에 따르면 가족이 함께 하는 식사 시간에 나누는 대화가 아이들의 언어습득과 언어구사능력 발달에 매우 탁월하다고 한다. 또한 가족이 함께 하는 식사 횟수도 학업적 효능감에 긍정적인 영향을 준다고 밝혀졌다. 아이들의 독서를 통한 140

여 개의 단어를 습득한다면 가족과 하는 식사를 통해 1,000여 개의 어휘를 배운다고 한다. 또한 콜롬비아 대학교의 1,200여 명을 대상으로 한 카사(CASA) 연구진에 의하면 가족과 식사를 함께하는 아이들은 그렇지 않은 아이들보다 학점도 A학점을 받은 비율이 두 배 정도 높았다고 한다. 가족과 식사를 함께 하는 자녀들은 정서적인 안정감으로 청소년의 문제행동도 줄여주고 식사시간만큼 예절과 공손한 행동과 나눔과 절제를 그리고 배려를 통해 자기 통제 및 조절 능력을 기르고 타인에 대한 공감적 이해와 타인을 존중하는 자세가 함양된다. 미국 크래프트사의 연구결과에서도 가족 간의 유대감이 형성되고 가족 구성원들의 행복지수가 증가한다고 한다.

물론 밥상머리 교육의 효과는 우리 모두 인정하고 있는 부분이지만 현실적으로 맞벌이와 사회생활로 매우 분주한 요즘 모든 가족 구성원과 매일 매끼를 함께 할 수는 없다. 하지만 가족회의를 통해 식사하는 동안 TV나 스마트폰 등은 보지 않기로 약속하는 것도 예의를 지키는 방법 중 하나일 것이다. 가능한 시간과 횟수를 정하고 어머니 혼자 식사 준비가 아닌 함께 계획하고 준비하고 설거지로 마무리까지 계획을 미리 세운다면 서로 모이기를 기대할 것이고 감사하며 칭찬하며 긍정적인 대화와 소통의 시간으로 삼는다면 이것이야말로 인성교육의 훌륭한 장이 아니겠는가!

영화 「킹스맨」의 명대사 "매너가 사람을 만든다"를 기억한다. 예의 바른 사람을 보면 그 사람의 인성까지 훤히 보이기 마련이다. 인성이란 특별한 것이 아니고 아주 자연스런 민주주의 사상이다. '인간다운 삶'이고 그 '인간답게' 살아가기 위한 스스로의 약속이다. 그런 약속을 위해 지식과 기술을 바탕으로 단군의 '홍익인간'처럼 세상을 널리 이롭게 하는 인격과 품격을 갖추어야 한다고 본다.

자녀 양육태도와 사회화의 기능이 약화되면서 자녀의 인성교육은 시대적 흐름에 따라가기 벅찼다. 이렇게 변화무쌍하고 예측불허의 시기에 사춘기아이들의 절망감과 위기감은 스트레스의 고조를 가져와 다양한 문제 행동을 일으키고 사회적인 부적응으로 길을 잃고 방황하며 헤매게 된다.

나의 두 아이는 결혼 후에야 독립했다. 감사하게도 내 집에서 멀지 않는 곳에 딸과 아들이 살고 있고 특별하지 않으면 주말에 모여 함께 식사를 한다. 다른 사람들은 힘들고 번거롭게 뭐 하러 집에서 식사하느냐고 한다. 하나도 힘들지 않다고 하면 거짓말이라 하겠지만 진실로 힘들지 않다. 생각을 어디다 두느냐에 따라 행복인지 불행인지 나뉜다. 긍정적인 마인드가 정말 중요하다. '알콩달콩'이 삶에 지표이고 그렇게 살고 싶다. 꼭 차려놓은 음식이 코스요리가 아닌 그냥 간단하게 한두 가지만을 해도 푸짐하게 해 함께 식사를 하면서 도란도란 한 주동안 있었던 이야기며 주변에서 일어난 이야기 등등을 나눈다. 거기에 요즘은 외손녀의 재롱이 더해져 웃음꽃이 만발이다. 이렇게 사는 게 행복이고 앞으로도 이렇게 살고 싶다.

인성교육이 꼭 교과서적인 교육이 아닌 밥상머리 교육이 우선이고 최고의 교육이 아닌가 싶다. 가족의 소중함을 나만 알지 말고 자녀에게도 알게 느끼게 해주자. 너무 바쁘다는 이유로 사랑하는 가족과 함께하는 자리를 자꾸 뒤로 미루고 있다면 지금 당장 서두르자. 그리고 어색하지만 '사랑한다' 하면서 따뜻한 미소로 끄덕여주자. 내일은 이미 늦을 수도 있다. 바로 지금이다.

내 인생
최고의 멘토

멘토라는 개념은 호메로스가 쓴 『오디세이아』에서 유래되었다. 트로이 전쟁에 나가는 오디세우스가 자신의 아들 텔레마코스를 친구인 멘토에게 맡긴다. 그리고 멘토는 무려 10여 년 이상을 텔레마코스에게 아버지이자 친구, 그리고 선생이자 조언자가 되어 주면서 오디세우스가 올 때까지 그를 잘 돌보고 성장시켰다. 그래서 오늘 날 멘토라는 이름은 지혜와 신뢰로 한 사람의 인생 전반을 이끌어 주는 지도자를 의미한다.

우리가 살면서 나를 세워주고 이끌어준 페이스메이커 존경하는 분들이 많이 있음을 감사한다. 그리고 눈을 감고 내가 살아온 길을 거슬러 올라가보니 내 인생의 가치관이나 내 인생의 진로와 삶에 가장 영향력을 끼친 '내 인생의 최고의 멘토'는 역시 나의 부모님이다.

때로는 잔소리로 들었던 말씀도 모두 피가 되고 살이 되는 조언이었고 당신들은 열심히 힘든 농사일을 묵묵히 하시면서 두분의 따뜻한 사랑으로 배품과 배려가 무엇 인가를 가르쳐 주셨고, 소리 없이 끄덕임으로 신뢰와 인정을 알게 해주셨으며, 미소로써 지혜를 전수해주신 부모님. 아니다 싶으면 호된 꾸지람으로 '길이 아니면 가지를 말라'는 가르침을 주시며 내 곁을 떠나신지 8년이 되어가지만 영원히 나의 멘토로 자리매김할 것이다.

세상에 혼자 우뚝 서는 사람이 어디 있을까? 미국의 대통령을 지내다 얼마 전에 퇴임한 버락 오마마 대통령의 멘토는 다름 아닌 그의 부인 미셸이었음을 알게 되었을 때 모두가 의아심이 아닌 인정하는 분위기였다. 그 밖의 마틴 루터킹 목사와 링컨 대통령도 그의 멘토로 알려졌지만 가장 영향력을 끼친 인물은 부인인 미셸이다. 미셸이 시카고 변호사 시절에 오바마에게 멘토 역할을 해주면서 인생의 변화를 맞이했다 한다. 결혼과 동시에 사회운동을 하였고 어떤 일을 하고자 할 때는 미셸에게 조언을 구했으며 그녀의 믿음과 응원 아래 비로소 다른 사람에게도 당당하고 설득력 있게 주장할 수 있었다고 한다. 멘토와 멘티의 참 모습을 보여준 것이다.

안타깝게 세상을 일찍 떠난 스티브 잡스는 가수인 비틀즈가 멘토였다고 한다. 앞에서 소개한 소니의 오가 노리오가 비즈니스적 멘토였다면 비틀즈는 정신적 멘토였던 것이다. 청소년기에 비틀즈 음악을 들으며 그의 가사에 심취했고 평범한 것을 혐오하는 주관을 지니게 됐고 그렇게 살고자 비틀즈의 멤버들처럼 정신적 성찰을 하러 인도에도 자주 다니기도 했다. 애플이란 이름도 비틀즈의 애플로고에서 유래했다고도 한다. 물론 비틀즈의 로고는 온전한 사과인데 잡스의 애플을 한 입 베어먹은 사과로 다르다고 주장했다고 한다. 그만큼 스티브 잡스는 비틀즈의 열렬한 팬이자 인생의 멘토로 삼았다고 한다.

페이스북 창시자인 마크 저커버그의 멘토는 다름 아닌 마이크로 소프트의 빌 게이츠였다. 그리고 빌 게이츠의 멘토는 지혜롭게 기업을 키우는 세계적인 주식투자가 워렌 버핏이다. 또한 워렌 버핏의 멘토는 월스트리트의 스승이라 불리던 증권분석의 창시자이자 증권분석의 아버지로 불리며 가치투자 이론을 만든 인물인 벤저민 그레이엄이었다고 한다. 그레이엄이 콜롬비아대학의 강의를 할 때 버핏은 스스로 애제자를 자청하였다고 한다.

삶은 배움이다. 그 배움을 위해서 우리는 누군가를 존경하고 닮아가려 노력을 한다. 종교인에게의 멘토는 당연히 하나님이고 부처님이 될 것이다.

우리의 아이들에게도 최고의 멘토가 절실하게 필요한 시기이다. 아이들의 최초의 교사가 엄마였듯이 내 아이 최초의 멘토 역시 어머니가 되어주는 것도 매우 중요할 것이다. 아이들의 미래를 제일 걱정하고 제일 축하해줄 사람도 역시 어머니이기 때문이다. 아버지가 함께 양육일치가 된다면 더할 감사가 어디 있을까? 아이의 일거수일투족을 긍정의 눈으로 바라보고 우리의 어머니가 그랬듯이 나도 우리의 아이들을 위해 조금 서툴러도 배우고 찾아가며 최선의 노력을 한다면 우리 아이들의 바른 성장과 올바른 인성으로 함께 소통하는 멋진 멘토가 될 것이다.

온라인리서치 패널코리아가 운영하는 패널나우가 회원 26,196명을 대상으로 연예인 중 멘토로 삼고 싶은 사람은 누구인가에 대한 설문조사 결과 12,006명, 즉 46%로 유재석을 택했다 한다. 설문조사에서 '익을수록 고개 숙이는 벼 같은 존재', '언제나 한결같은 연예인' 등이 이유였다. 그에게는 방송을 리드하는 탁월한 능력 뿐만 아니라 함께 출연하는 동료 연예인들을 사려깊게 배려하는 능력이 있다고 한다. 또한 타의 모범이 되는 기부와 선행하는 모습을 보면서 많은 연예인과 일반 개인들까지 멘토로 삼으려 하는 것은 그가 가진 삶의 철학과 태도를 배우고자 하는 것이다.

멘토라는 것은 꼭 가까이 있어서가 아니어도 좋다. 만나서 소통을 할 수 없어도 장래 희망이고, 되고 싶은 꿈을 이미 이룬 분야에 관심을 갖고 성공한 인물이어도 좋다. 의사들이 히포크라테스 선서를 하고 간호사에게 나이팅게일의 선서를 하게 하듯 멘토의 위력은 있고 없고가 크게 좌우된다. 멘토는 꿈이 현실이 될 수 있도록 지름길을 안내할 것이다. 꿈을 이루기 위해서 열심히 공부에만 전념하기보다는 멘토를 찾아 그분이 걸어왔던 길의 방향을 조금씩 구체화시키면서 찾아가는 노력을 함께 한다면 아이들에게 좋은 길잡이가 될 것이다.

미래는 미지의 세계이다. 예측은 하되 누구도 단언은 불가능하다. 4차 산업혁명 시대라는 예측불허의 시대를 살아갈 우리 아이들에게 자신의 꿈을 실현하기 위해 필요한 친구이자 스승이자 리더인 멘토를 찾아주었으면 한다.

아들에게 물었다.

"아들, 아들에게 최고의 멘토는 누구야?"

"저의 멘토는 어머니십니다."

이런 게 행복이다. 딸에게 같은 질문을 했다.

"엄마지. 아마 동생도 엄마라고 그럴 걸요!"

감동이다. 아들, 딸 잘 키웠으니 난 분명 성공한 인생이다.

"야호!"

신나게
잘 노는 법

얼마 전에 『2020 미래교육보고서』라는 책을 읽었다. 이 책이 말하고자 하는 미래 교육의 키워드는 '집단지성'이다. '나보다 우리가 더 강하다'는 정의를 내리게 만드는 '집단지성'은 다수의 사람이 참여하여 문제점을 해결해 나아가는 방식으로 대표적인 성공 사례가 아마존이다.

아마존은 도서를 구입한 수많은 사람들의 평가와 리뷰의 참여를 이끌어 내고 사용자들 간의 생각을 공유를 통해 집단지능화한 전문 쇼핑몰이다.

또한 아고라는 다음에서 운영하는 온라인 서비스이다. 이곳은 사회 이슈에 대해 참여자들의 수많은 의견이 제시되고 그에 따른 다양한 관점으로 해석과 판단에 따라 여론이 형성되며 지식이 형성되어 가는 장이다.

또 하나 더 '촛불 집회'도 집단지성의 좋은 사례이다. 인터넷을 통해 생각을 서로 나누고 공유하면서 한걸음 더 나아가 현실에서의 단체행동으로 연결되기도 하고 이렇게 서로의 의지와 감정의 교류를 통해 결국 행동으로 이어지는 집단지성의 대표적인 사례이다.

"좋은 생각과 행동은 결코 나쁜 결과를 낳을 수 없다. 나쁜 생각과 행동은 결코 좋은 결과를 낳을 수 없다" 제임스 앨런은 이것이 인생을 잘 사는 법이라고 하였다.

신나게 잘 노는 법은 결국 잘 사는 법일 것이다. 우리가 가지고 있는 생각을 어떻게 만들고 어떻게 다듬어서 쓰느냐에 포커스를 두고 미래에는 혼자 신나게 잘 놀기보다는 함께 다 함께 신나게 노는 법을 알아보자.

『하버드 새벽 4시 반』이라는 책 속에 '바다를 건너는 것이 목표라면 거센 파도 앞에서 멈추지 마라. 더욱 먼 곳으로 가고 싶다면 고난 앞에서 신념이 흩어지도록 놔두지 마라. 저 높은 하늘로 날아오르고 싶다면 스스로의 날개를 활짝 펴고 바람을 거슬러 날아라. 이것이 하버드식 성공비결이다'란 구절이 있다.

에릭은 하버드 금융관리학과를 졸업한 학생이다. 그는 졸업 후 자신이 좋아하던 전공을 살려 대형은행에서 금융고문의 자리를 맡았다. 함께 졸업한 친구들에 비하면 썩 좋지 않은 연봉이었지만 자신의 일을 할 때 최선을 다하고 언제나 즐거운 마음을 가졌다. 낮은 연봉같은 것은 별 상관없이 자신이 즐거워서 하는 일이기에 매일 일을 하는 것만으로도 인생이 신이 나고 행복한 삶이라고 생각했다. 에릭의 긍정적이고 열정적인 태도는 업무에서도 드러났고 그가 관리를 맡으면서 은행의 이익은 배로 늘어났다. 상사의 인정을 받으면서 매일 즐거운 하루를 보낸 그는 2008년 금융위기가 닥치면서 회사를 떠나게 되었다.

그는 다행히 하버드 졸업생이라는 후광으로 새로운 일자리를 찾았는데 경영고문이었고 연봉도 두 배나 더 많이 받게 되었다. 하지만 에릭은 새로 찾은 일을 좋아하지 않았고 머리가 터져버릴 지경이었다. 은행 일을 할 때 쏟던 엄청난 에너지를 새 회사에서는 좀처럼 발휘하지 못하였다. 그는 연봉보다 자신이 즐길 수 있는 일이 더 중요함을 알았다.

이 사례처럼 열정과 성공은 정비례한다고 본다. 미래를 준비하는 시기에 이런 즐거움으로 공부하고 생활하려면 가장 필요한 것이 열정을 습관화하는 것이고, 끊임없이 배우지 않으면 순식간에 잉여인간으로 전락해 버린다고 이 책의 저자 웨이슈잉은 강조한다.

우리 원에는 남자 선생님이 두 분이 있다. 모두 30대로 나와 함께한 시간이 8년을 넘는다. 늘 든든한 보디가드 역할을 겸하므로 많이 의지를 한다. 남자라서인지 중, 고등부 특히 고등부 남자 아이들과 많이 친숙하다. 각각 국어와 수학을 지도하지만 때로는 형처럼 때로는 선배처럼 아이들과 관계형성이 잘 이루어져 아이들이 졸업을 하더라도, 중간에 학원을 그만두더라도 힘들거나 상담이 필요할 때는 자주 소통하러 오거나 밖에서 만난다. 밖에서 만날 때는 단체 만남은 허용을 하지만 선생님과 일대일 만남은 못하도록 서로 협의되어 있고 아직까지는 잘 지켜지고 있다. 그 이유는 구태여 나열하지 않아도 이해될 것이다. 최근에도 졸업한 아이들이 1박2일로 함께 놀러간다고 자주 들락거린다. 그러면서 나에게 두 선생님을 저녁에 초대하겠다고 허락을 받으러 오기도 했다. 두 분의 선생님이 진정 즐기는 마음으로 열정을 다해 아이들을 대하지 않는다면 절대 불가능한 결과다.

나는 수시로 셀카를 찍는 것을 좋아한다 그럴 때마다 억지로라도 웃는 얼굴을 만들 수 있으니까. 또한 어떤 일을 완성했을 때에는 나에게 잘했다고 선물을 한다. 여행이든. 물건이든 하다못해 격려의 말로라도 토닥여준다. 그리고 가능하면 '감사하다', '고맙다'는 얘기를 자주 많이 하려고 한다. 나는 거울 공주 놀이를 잘한다. 화장할 때는 지극 정성으로 한다. 내가 나를 정성들여 다독이지 않으면 누가 나를 이렇게 대할까. 스스로 귀하게 여기기를 아끼지 않는다. 아이들에게 왜 인사 안하냐고 묻지 않는다 대신 내가 먼저 인사하고 다가간다.

　중요한 일이나 기억하고 싶은 내용이 있으면 메모를 하려고 한다. 그리고 책 읽기만은 게으름을 피지 않으려 한다. 나의 힘의 원천은 독서이기 때문이다. 하루 일과가 끝나 잠자리 들기전에 반성의 시간, 감사의 시간을 갖는다. 그리고 매 순간 순간을 최선을 다하면서 즐기려고 노력한다. 나는 이렇게 살고 있고 앞으로도 이렇게 살 것이다.

　이 모든 것들이 열정으로 이뤄진다. 열정이 있는 곳에 반드시 긍정이 있다. 그리고 긍정이 넘치는 곳에 열정도 함께 넘친다. 긍정이 바늘이면 열정은 실이다. 그래서 실과 바늘은 함께 가야하고 그래야 빛을 낼 수 있는 옷이 완성된다. 열정과 긍정으로 만들어진 옷을 입고 신나게 세상을 살아간다면 아무리 거센 파도가 밀려와도 열정을 앞세운 삶이 주가 된다면 반드시 이겨낼 수 있을 것이다. 열정의 에너지는 우리가 원하는 성공이라는 삶을 지속시킬 수 있는 중요한 에너지원이다.

　결국 '잘 신나게 노는 법'이란 에릭처럼 연봉에 연연하지 않고 내가 하고 싶은 일을 찾아서 열정을 가지고 신나게 즐거운 마음으로 성과를 내고 인정을 받으면서 행복하게 사는 것이다.

칭찬과 기대 속에 성장한 아이가
성공 가능성이 더 높다

'칭찬과 기대 속에 성장한 아이가 성공 가능성이 더 높다'는 피그말리온의 효과는 이미 세상에 널리 알려져 있다. 칭찬은 비단 아이에게만 연관된 단어는 아니다. 어른들도 모두 칭찬을 좋아한다. 칭찬과 격려가 있는 삶과 없는 삶은 긍정과 부정, 그리고 소통과 불통의 갈림길이다.

사실 우리나라처럼 전체 인구의 평균 학력이 높은 나라도 드물다. 이런 좋은 여건 속에 우리 부모들이 이미 가지고 있는 깊은 지식과 삶의 지혜를 총동원하여 4차 산업혁명 시대를 살아가는 아이들에게 피그말리온 효과와 함께 창의적이고 융합적인 비전을 심어주길 바란다.

나는 부모들에게 제안하고 싶다. 책 속에서도 강조했듯이 여러분의 아이에게 숨어 있는 '그릿'을 찾아보길, 그리고 이를 정성껏 길러주기를 간절히 소망한다. 그러기 위해서는 먼저 아이와 충분한 시간을 가지고 대화를 통해 서로의 마음을 활짝 열어야 한다. 그리고 아이를 인정해주고 공감하면서 아이가 스스로 구체화시킬 수 있도록 아이의 내면에 숨어 있는 가능성을 깨워야 한다.

가기는 가야 하는데 길을 몰라 방황하지만 모르는 만큼의 커다란 가능성이 무한하다고 생각하고 절대 조급해 하지 말자. 차곡차곡 준비하다보면 언젠가 아이가 더 좋아하고, 또 아이가 더 잘하는 쪽으로, 더 원하는 방향이 짠하고 나타나면 미리 준비하여 쌓아둔 자원, 에너지, 모두 모아서 힘차게 걸어가면 되는 것이다.

어떤 길로, 어떤 방법으로 가든 선택은 모두 아이가 하는 것이다. 이 책을 통하여 아이와 묵묵히 함께 달리며 힘이 되어주는 페이스메이커가 되어주고자 하는 부모가 단 한 분이라도 생긴다면 이 책을 쓴 의미와 보람이 있겠다.

이 책을 탈고하면서 박사학위 논문을 써서 세상에 내놓을 때와는 사뭇 느낌이 다르다. 학위 논문은 관련 분야의 전문가가 보는 전문지이지만 이 책은 4차 산업혁명 시대에 사춘기 자녀를 어떻게 보살펴야 하는지 목말라 하는 학부모에게 방향을 제시하는 책이다. 이 책을 세상에 내놓으면서 강한 책임감에 여러 가지 부족한 부분이 자꾸만 눈에 띄어 부끄럽기도 하고 어떻게 평가될 지 두려움이 크다.

30여 년을 길다면 길고 짧다면 짧은 시간동안 사춘기의 아이들과 함께 현장에서 보고 듣고 느끼며 공감했던 시간들이 이 책에 담았다. 인간이라면 누구나 찾아오는 사춘기를 조금이라도 편안하고 아름답게 지나갈 수 있도록 돕는 조력자이길 바랐다. 내 아이들에게 그랬고 우리 원의 아이들에게도 그랬다. 그리고 이 책을 통해 비록 얼굴은 본 적 없지만 힘든 시기를 보내는 지구상의 모든 사춘기의 아이들에게 도움이 되길 바란다. 그렇게만 될 수 있다면 더 이상의 감사는 없을 것이다.

인간은 사회적 동물이기 때문에 나 혼자 되는 것은 없다. 모두가 귀하고 소중한 사람들이 주변에 많이 있고 그들의 기도와 소망으로 오늘에 내가 있다고 생각한다.

30여 년 동안 나의 학원을 거쳐간 수많은 부모님과 아이들에게 깊은 감사를 드린다. 지금도 길에서 자주 뵙는 엄마들도 있고, 예전에 많이 혼이 나서 다시는 안 올 것 같았던 아이도 어느 날 지나가다 들렀다며 음료를 놓고 가고, 군대에서 휴가를 나왔다며 쑥스럽지만 균형 잡힌 경례로 의젓하게 인사하를 하기도 한다. 또 예쁘게 성장해서 결혼한다며 청첩장을 들고 찾아오는 제자들도 모두가 보람이고 감사고 사랑이다. 모두 내게는 귀한 보석같은 존재들이다. 언제 어디서든 훌륭하게 성장해서 제 역할을 잘하고 멋지게 살아가기를 간절히 기도한다.

탈고를 하고 제일 먼저 안동에 계시는 시어머님을 찾아뵈었다. 올해 87

세로 그냥 뵙기에는 아주 건강하시지만 오랫동안 예쁜 치매를 앓고 계시기에 효부가 아님에도 소녀가 되신 모습에 죄송하고 송구하기 그지없다. 뵐 때마다 앞으로도 자주 찾아뵈어야겠다는 마음뿐이다. 늘 '알콩달콩' 살고 싶은 소망을 이루어주는 나의 사랑하는 가족, '좌청룡 우백호'처럼 든든하고 예쁜 딸과 멋진 아들, 세상에 둘도 없는 귀한 사위와 며느리, 그리고 나의 해피 바이러스 외손녀 현이, 마지막으로 언제나 내가 공부할 수 있도록 끊임없이 동기부여를 해주고 격려해주는 남편에게 감사하고 또 감사하다. 끝으로 이 책이 출간될 수 있도록 하늘나라에서 지켜주시는 내 존재의 모든 것, 나의 부모님께 감사의 마음을 전한다.

엄마의 감정리더십

최경선 지음 | 13,800원

좌절을 반복하고 죄책감에 잠 못 드는 엄마들을 헬육아의 늪에서 건져내고 행복한 육아로 인도하는 책

세상은 4차산업 혁명기로 접어들었다. 창의력이 경쟁력인 시대에 맞는 아이로 키우려면 엄마는 어떻게 해야 할까? 이제는 자기감정을 조절할 줄 아이가 인재다. 아이의 감정은 엄마의 감정 토대 위에 자라기 때문에 아이가 어떤 행동을 하든 엄마의 감정 대처법이 아이에게 큰 영향을 미친다. 그래서 엄마의 감정리더십이 필요하다.
감정에 끌려다니는 것이 아니라 감정을 주도하고 긍정적으로 이끄는 엄마라면 〈엄마의 감정리더십〉을 통해 '아이와 함께 성장하는 육아'를 경험하게 될 것이다.

아이가 답이다

김진방 지음 | 13,500원

4천 명의 부모와 상담하고 7만 장의 아이 그림을 분석한 아동 미술교육 전문가의 핵심 노하우

실패와 좌절조차도 놀이로 받아들이면서 창의적으로 자라는 아이들이 모인 곳이 있다. 바로 아이답 창의력센터다. 아이답 창의력센터에서는 150명의 아이가 매일 창의력을 폭발시키고 있다. 내가 만들고 싶은 영화 주제를 결정하고 시나리오를 쓰고 배우를 섭외해 영화를 만들고 영화 티켓을 만들어 관람객을 모으고 팝콘을 튀겨 영화를 상영한다. 이 모두를 아이 혼자 기획하고 완성한다. 그 과정에서 느끼는 감정과 문제해결능력은 고스란히 아이의 자산이 된다. 《아이가 답이다》는 아이의 잠재된 상상력과 창의력을 터트릴 수 있는 노하우를 수록한 책이다. 4천 명의 부모와 상담하고 아이 그림 7만 장을 분석한 아동 미술교육 전문가 김진방 원장의 핵심 노하우를 빠짐없이 담아냈다.

좋은 선택을 이끄는 엄마, 코칭맘

정은경 지음 | 13,800원

**평범한 아이도 주도성을 가진 상위 10%
특별한 아이로 만드는 코칭맘의 39가지 교육법**

자기 삶을 스스로 이끌어가는 주도적인 아이로 만들려면 '질문하고 공감하고 생각하게 하는 코칭'으로 키워야 한다는 점을 강조하면서 엄마코칭이란 무엇인지, 코칭맘이 키운 아이는 어떤 점이 다른지 설명하고 엄마코칭으로 스스로 공부하는 힘을 길러주는 방법을 소개한다. 책은 왜 엄마는 자녀의 코치가 되어야 하는지, 학교 공부와 인성 교육에서 구체적으로 어떻게 자녀를 코칭할 수 있고, 어떤 효과를 거둘 수 있는지 자세히 다루고 있다. 가정에서 실제로 적용할 수 있는 엄마코칭 매뉴얼과 엄마들이 꿈을 찾을 수 있도록 도와주는 워크시트를 첨부하여 코칭을 처음 접하는 엄마도 쉽게 시도해볼 수 있다.

아내 CEO 가정을 경영하라

최미영 지음 | 12,800원

**무일푼 남편을 50억 자산가로 만든 대한민국 1호
아내 CEO, 가정의 운명을 바꾸는 아내 리더십을 말하다!**

불행한 어린 시절, 가난한 20대와 신혼 생활을 건너 50억 자산가 남편을 만든 저자 최미영은 한 사람이라도 공감하고 변화하는 데 동기 부여만 될 수 있다면 하는 마음으로 이 책을 썼다. 저자 역시 지금은 '가정을 경영하는 아내 CEO'라는 타이틀을 찾았지만 그동안 자신의 역할이 무엇인지, 단지 남편과 아이들의 뒤치다꺼리나 하며 그 그늘에 평생 가려 자신의 목소리를 내지 못하는 것은 아닌지 고민하며 살았다. 그러나 세상에 없는 모델을 찾아가며 힘겹게 자신의 길을 개척했다. 이 세상에서 경영, 회계, 실무, 교육까지 모두 담당하는 유일한 사람이 한 가정의 아내다. 그런 아내가 변화하면 가정의 운명이 바뀐다. 이 책은 세상 모든 아내들이 가정을 매니지먼트하는 아내 CEO가 되어서 당당한 목소리를 찾을 수 있도록 돕는다.